Seadove

Seadove

SELF-HELP

明治時代的聖書

·自己拯救自己·

二戰以來療癒日本的國民讀本

入選《牛津世界經典》 日本奉為「明治時代的聖書」
彌爾《論自由》、達爾文《物種起源》並列歐洲三大巨著

對我來說，這本書永遠讓人熱血沸騰……我如獲至寶，反覆閱讀，直到它深深銘刻在腦海裡。
——美國成功學之父 **奧里森·馬登**——

作為先輩，塞繆爾·斯邁爾斯幾乎說完我想說的一切。後來我們所說的，只是對他的補充。
——人際關係學大師 **戴爾·卡內基**——

塞繆爾·斯邁爾斯／著 靜濤／譯

前言

塞繆爾・斯邁爾斯（一八一二—一九〇四），英國人，被包括卡內基在內的後人尊崇為成功學的導師。事實上，斯邁爾斯的首要身分並非成功學家，而是卓越的政治改革家和道德學家。就是因為這一點，他的作品具有一層更深的意義，其蘊涵的思想價值超出一般意義上的「成功學」，帶有濃重的哲學意味。

甚至可以說，斯邁爾斯首先注重的是西方近代的文明和秩序，他的成功學著作中有一部分就是討論社會的道德文明，對後世產生深遠的影響，其作品暢銷全球一百多年而不衰，成為世界各地尤其是歐美年輕人的人生教科書，甚至有人稱其作品為「文明素養的經典手冊」、「人格修練的《聖經》」。

本書在一八五九年出版，上市以後立刻引起強烈迴響。英國、法國、德國、西班牙、丹麥、美國、日本、俄羅斯等國爭相出版，不斷重印，被公認為現代成功學的開山之作。

成功不可能一蹴而就，夢想不可能唾手可得。年輕的我們曾經迷茫，也有不知所措的時候，有執著，有遺憾，有求而不得……在這本書中，我們以「青春」和「夢想」兩個主題，作為引導全書的主要線索，講述年輕人在青春時期遇到的問題，以及要怎麼解決，並且論述年輕人應該抱持什麼心態和養成什麼習慣，才可以追逐自己的夢想。所以，想要為解決當下面臨的許多問題找到更好的方法，找到指示前進的方向，想要彌補過去，這本書是你的不二選擇。

我們相信，這本書不僅是一個成功者的經驗分享，還可以給讀者信心和鼓勵，讓讀者在生活、學習、工作中，永遠充滿積極的能量，汲取不斷奮鬥的動力，為不甘平凡的自己找到一個出口，成就自己的夢想。

目錄

前言

—第1章—
年輕，不是放縱自己的理由

學會節儉，避免貧困和疾病……13
越是困難時期，越要努力工作……19
無所事事，足以殺死所有人……26
不要成為虛榮心的奴隸……32

欠債就像在做一個連續的噩夢……39
沒有債務，讓你更容易成功……45

第2章 做一個渴望成功的人

想要成功，就要找成功人士做同伴……51
接觸優秀的人，你會變得精力充沛……55
有些人會指引你前行……61
偉人具有不可思議的影響力……68
家庭教育伴隨我們的一生……77
目標確定，就要全心地投入……81

第3章 雖然我不是天才，可是我非常勤奮

只有勞動的人，才可以享受生活……89
聰明人會被懶惰打倒……92
辛勤付出，才可以收穫甘甜……97
優秀的藝術和勤奮有很大的關係……102
勤奮是天賦的催化劑……107
勤奮與堅持，可以幫助你成就夢想……112
藝術追求者的勤奮之旅……116

一第4章一

對自己的嚴厲，是成功的必經之路

成功的秘訣：從小事做起……125
願意努力不怕吃苦，成功才會屬於你……132
興趣和耐心，可以幫助你創造奇蹟……140
堅強的意志，是最真誠的智慧……145
以勇士們為榜樣，走好人生之路……150
工作狂與他想要做成的事情……159

一第5章一

你的責任，就是你的使命

做人要有責任感……167

誠實守信，是立足社會的資本……171
人生之路，因為責任感而變得平穩……176
勇敢的人會因為責任而有力量……183
認真負責的威爾遜……187
盡職盡責的華盛頓……195

第6章 願你不改初心，不忘夢想

自律，成就更好的自己……201
學會自我控制……207
提升自己的最快方法……211
做真實的自己……217

第1章

年輕，不是放縱自己的理由

年輕是學習知識和技藝的時期，是一個人為成就事業打下堅實基礎的時期。年輕的時候要心無旁騖，不要好高騖遠，不要欲望太盛，更不要放縱自己……

學會節儉，避免貧困和疾病

每個人都應該學會節儉，節儉不僅表現在理財上，更是一種生活方式。窮人如果不節儉，可能會變得更窮；富人如果不節儉，可能會變成窮人。

窮人和富人一樣，要吃飯、生活、工作、睡覺，貧窮讓他們無法考慮太多的事情，例如：災難和疾病，他們很少祈禱以後的日子可以越來越好，生活的艱辛已經磨滅他們的希望。只要今天有飯吃，有工作做，他們已經謝天謝地，不敢奢望自己可以擺脫貧窮的日子，生活過得更好。

原始部落的人們也是如此，滿足於現狀，不去想還可以更富有，也不會變得更貧窮。居住在北極圈周圍的愛斯基摩人，他們的生活和發達城市的窮人們差不多，從來不考慮將來。如果眼前有食物，例如很多的鯨脂，他們就會大吃一餐，然後呼呼大睡。文明社會的人們一定會覺得這種做法實在過於浪費，沒有規劃。但是愛斯基摩人不覺得有什麼不妥，他們從古至今就是如此生活，對未來不做過多的打算，不管生活是富裕還是困難，都保持愉快的心情。在他們看來，把東西存著不吃是很浪費的行為。

在人們看來，住在嚴寒氣候裡的人比住在溫暖氣候裡的人更勤奮、更富裕。漫長的冬季和低溫，會讓人們在溫暖的時候就準備冬衣、糧食、燃料，也讓人們不得不提高做事的效率，所以很多處於歐洲寒冷氣候圈的國家都認為是嚴寒造就他們的財富。我們可以看到，西西里人、安道爾人、墨西哥人明顯沒有德國人、荷蘭人、美國人、加拿大人、比利時人那麼勤奮。

紐華克的國會議員，已故的愛德華・丹尼遜先生，他在倫敦的東區貧民窟建造一座多功能用途的教堂，這座教堂的外部牆壁都是用鐵皮製造的，花費他許多心血。教堂的第一層可以給孩子們上課和玩耍，男人們也可以在這裡聊天和玩遊戲，總之不讓他們待在飯館裡喝酒。**愛德華・丹尼遜先生認為，窮人們之所以貧窮，是因為他們的思想教育沒有得到培養，生活環境非常髒亂，物質無法得到滿足，誰還會考慮精神需求？**於是，窮人們日復一日地周旋在貧窮、髒亂、疾病中，沒有人引導他們走上正確的道路，那位傳教牧師雖然用自己飽滿的精神為困苦的人們做了許多善事，但是他的善事只集中在物質上，每天考慮要怎樣才可以讓人們吃得飽穿得暖，沒有對他們的精神世界進行挖掘，因此他的善行無法取得很大的成果。每年冬天，我們都可以看到類似這種善行的活動……即使是在最富有的國家裡，也有很多無人接濟的難民，他們在饑餓和寒冷面前是多麼無奈，在前方等待他們的永遠是死亡。在以前的社會裡，人們還懂得相互幫助，在那個時候的冬季裡，死亡的人數少於現在。現在的我們，已經忘記應該如何幫助別人，或是說已經變得無情，放任貧窮肆意蔓延，只要自己不愁吃穿，我們應該承擔的責任和義務都被丟棄了。

如果每個人都可以接受良好的教育，學習怎麼勤儉持家，很多事情就不會有發生的機會。丹尼遜先生也說：「貧窮和疾病是人類自己造成的，如果人們踏實穩重，細心過好每一天，對未來有好的規劃，社會上就不會有窮人，也不會有人為生計而苦惱。生活中，不可避免存在一些困難，我們只要淡然地面對，想到好的解決方法，就不會有什麼負擔，因為我還有一份工作可以給我提供薪水。例如：一個在碼頭搬運的工人，可以把每個星期的薪水省下一半，留著日後使用，如果他沒有結婚，而且沒病沒災，這是一個不錯的主意，完全不必為以後的生活擔憂。」

丹尼遜先生認為，勤儉不一定只是女人應該做的事情，男人們也要勤儉，不管你賺的錢是多是少，都可以聚少成多，存下一筆錢。我希望人們可以提高自身覺悟，每個人都可以堅持勤儉節省。這樣一來，貧窮的人也會少很多，人們不必為生病和失業煩惱，否則這只是一個漂亮的肥皂泡，只有美好的設想，卻沒有行動。不知道我是否可以在有生之年看到如此幸福的生活，我想這是要經過兩代人的不懈努力才可以顯現出一些成果的巨大工程。法律和教育會指導人們的生活方式，只要努力學習改正，就可以讓自己變得更富有和健康。

丹尼遜先生把古爾西的居民和英國的工人在生活上進行對比，這兩種人都非常貧困，但是他們的貧困也有明顯的差異。英國工人的薪水很高，經常在拿到薪水以後就不停地消費，最後一分錢也沒有剩下。古爾西居民們的薪水總是要遲一點才會到他們的手中，這些居民生活簡樸，不管多窮也是靠自己努力，不會依賴別人的施捨。每個星期，他們只吃一餐豬肉，盡量不吃燻肉類和新鮮蔬菜，平時吃的是由豌豆、包心菜、少許油熬製的湯。就算那些財主有很多糧食和牲畜，他們照樣吃這些簡單的食物，然後把省下來的肉類產品和其他東西放在市集上出售，再把賺來的錢投資在土地和股票上，這是圍繞土地進行的賺錢方式。

不幸的是，丹尼遜先生還沒有完成自己的研究就離開人世，還沒有深度剖析導致貧窮的根本原因，但是我們可以知道，丹尼遜先生非常反對過度消費，認為這是引起貧窮的原因之一，可是現代人執迷不悟，沒有認識到這個問題。奢靡生活已經蔓延到整個社會，不管是工人階級還是上層階級，都過著荒淫無度的日子，尤其是上層階級，每個人只注重自己的打扮和權勢，攀比之風日益盛行。

不能否認，英國的人民很勤勞，其他國家的人民無法和他們相比。不可避免的是，他們在勤勞的同時，還有揮金如土的壞習慣，讓他們無法安定地生活在愉快富裕的社會裡。雖然他們的薪水比專業技術人員更高，可是他們不會精打細算，錢到手以後就花光了，拿著高薪，過的卻是窮困的生活，幸而現在社會安穩，如果在動盪年代，他們就要受許多苦了。

所以，我們要養成良好的生活習慣，拒絕鋪張浪費，否則薪水永遠無法滿足我們的欲望。查德威克先生在演講中說：「棉花發生短缺的時候，許多人在救濟站前面排隊，等待發放救濟物資。他們想不到的是，這些發放物資的人之前還被別人認為是窮人，其實他們是很富有的。」

在困難和危險還沒有來臨的時候，人們的警覺心也會收起來，忙著唱歌跳舞，飲酒作樂，薪水很快被花光，等到困難突然出現在眼前，人們慌亂得不知道怎麼應付。如果更加不幸，被老闆辭退，恐怕只有祈求上帝給他們繼續生活下去的希望。

越是困難時期，越要努力工作

有一種讓人覺得可信的觀點：每個人的行為都會對這個世界產生影響，我們卻無從瞭解這種影響。我們的生活受到所有人的影響，無論是好的言行還是壞的言行，它們都會流傳下去，並且對別人造成影響。一個無足輕重的人也無法保證，自己的行為不會對別人造成任何影響。

人類的精神不會隨著人類的死去而煙消雲散，它們是永恆存在的，會永遠在我們的周圍。理查・科布登去世的時候，下議員迪斯雷利有一段蘊含意義的發言：「不管事情如何變化，時間如何流逝，他作為下議院一部分的事實是無法改變的。」

世界與人生一樣，具有不滅的本質。在宇宙中，人類是互相聯繫的整體，不是獨自存在的。人類的行為會給人類的善行帶來影響，不管時間如何流逝，這種影響都會存在。我們的祖先透過遺留下來的事蹟影響我們，由此可知，我們現在的行為也會給將來的社會帶來影響，萬世傳承下來的文化孕育人類。如今，我們這代人也是前人影響下結出的果實。與我們受到古人影響的道理同然，我們現在做的事情，也會對以後的人們造成深遠的影響。所有人的品行都會流傳下來，就算他們的肉體湮滅，這些行為也不會毫無痕跡，後人還是會受到影響。

我們可以借助巴比奇先生作品裡的一段話來表述他的觀點，他是這樣寫的：「哲學家和傳說會把那些好的行為或是壞的行為流傳給後人，這些行為會被用不同的方法與一些毫無價值的東西結合在一起，所有人的話被永遠記錄在空氣這個最大的圖書館裡。那些最近或是最早留下的道德印跡、無法收回的承諾、難以兌現的誓言，都摻雜在他們無法改變和沒有錯誤的個性裡，並且被永遠記載在那個最大的圖書館裡，他們的行為中也會永遠留有這些東西的影子。人類因為受到影響而多變，以上觀點很好地解釋這一點。如果我們的所有行為都會被空氣記錄，同理可得，那些自然中的其他不朽的存在，例如：大地、海洋，都會是我們行為的見證者。不管是自然的事實，還是人為的因素，它們所用的一切都會流傳下去。上帝如何建立他的法律？他只要在第一個罪犯身上留下烙印，後面的罪犯都會為自己的罪行背負無法抹去的疤痕。那些建構道德的因素，它們不管如何變化，都不會改變其本質。那些罪行也是因為本質的區別而與其他罪行有所區分。」

由此可知，那些我們身邊發生的事情和我們做的事情都會影響我們。這些事情會影響我們的人生和整個社會，我們無法詳細地在現實生活中瞭解它的影響。它是多變的，有許多不同的形態，對於不同的人，也有不同的影響。但是有一點我們可以肯定，它的影響不會消失，會永遠地存在下去。**良好榜樣的作用，在此看來就顯得非常重要。這是一種不需要用言語進行傳播的教育方法，這種方法簡樸而珍貴，那些窮人和地位低下的人也可以藉此教育別人。**它不會因為環境的惡劣而失效，在越黑暗的地方，它的高尚榜樣越顯閃亮。那些道德高尚的人不管在哪裡，無論環境如何艱險，他們都可以發出耀眼的光芒。只要在自己的土地上勤勞耕耘，形成良好的道德，這個人就會被民眾傳頌百年，他的子孫們也會受其影響。在普通的工廠裡，人們如果可以學會勤勞，擁有科學知識和高尚道德，工廠就是最好的學校。可是同樣在這所學校裡，我們也可能學會懶惰、愚蠢、卑劣。選擇權在人們自己手上，面對機會採取不同的態度，就會有不同的結果。

只要沒有虛度光陰，擁有充實的人生經歷，這個人的優秀品格就會被自己的孩子和世界保存下來，他的經歷會成為最有教育意義和說服力的教材，而不只是一個平常的故事。波普在反駁赫維諷刺的時候說：「我沒有因為父母的行為而羞恥，也沒有做過令他們難過的事情。我認為，這樣的人生對得起自己的良心。」只有透過實際行動，別人才會真正瞭解你要做什麼，只依靠語言無法讓別人信服。

在與斯托夫人的一次談話中，奇瑟姆夫人這樣談論自己的成功訣竅：「我瞭解到，只是說沒有任何效果，所有事情只有親自行動，才可以得到解決。」紙上談兵無法讓人信服。如果奇瑟姆夫人是一個只說不做的人，她的研究只會停留在泛泛而談的層面。人們對於她的身體力行給予肯定，看到事實真的像她說的那樣，人們也信服她的觀點，並且開始協助她完成工作。就算是最善良的工作者，只透過語言表達的思想也是缺乏力量的。

在最困難的時期，那些真正具有高尚品格的人都會努力工作，工作會讓他們在社會上的實際價值得以增長。對於犯罪改造的問題，湯瑪斯·萊特有很多想法可以與人談論。對於建立貧民窟兒童免費學校的必要性，約翰·龐茲也可以說出許多道理。可是他們沒有對別人高談闊論，而是努力工作，透過工作以實現自己的理想。

社會底層的窮人們，在社會中產生何種作用？對此，格斯里醫生，這個貧民窟兒童免費學校運動的傳道士，這樣評論那個叫約翰・龐茲的鞋匠的一生：

「他是一個好榜樣，他的一生大多數時間都是在普羅維登斯度過，他的人生對周圍的環境產生細微的影響。他的事例很特殊，我對他的事蹟很感興趣。我透過一張舊照片，開始對這個貧民窟兒童免費學校產生興趣，這張照片上展示的是一個位於福斯河口岸邊的陰暗破落的小鎮。湯瑪斯・查爾馬斯，就出生在那個經濟蕭條的地方。在許多年以前，我去過那個小鎮。我走在小鎮的街道上，隨意走進路邊一個酒吧，酒吧的牆上貼滿圖片，大多是牧羊女和水手的圖片，我對那些圖片沒有興趣。可是有一張與眾不同的圖片引起我的興趣，那張圖片很大，在壁爐架上掛著，上面畫著一個鞋匠的房間。畫裡的鞋匠戴著眼鏡坐在一張椅子上，膝蓋上放著一隻鞋。那個人有稜角分明的嘴唇和寬闊的前額，從畫面給人的感覺來說，這個人應該具有堅毅的性格。那些貧窮的孩子在他的濃密眉毛下隱約浮現，他們圍坐在鞋匠周圍，一副認真的神情，聚精會神地聽著鞋匠講課。

「我對那個鞋匠有濃厚的興趣。我走上前去，看了畫像下面寫的說明文字，知道那個人是一個樸茲茅斯的鞋匠，名字叫做約翰·龐茲。他是一個富有同情心的好人，對於那些被政府和家人拋棄的可憐孩子，他伸出關懷之手。他像一個牧羊人那樣，收養這些迷途羔羊。這些缺衣少食的可憐孩子被他的辛勤勞動養育，他提供衣服和食物給五百個孩子，還有教育培養。

「面對這個崇高的人，我深感慚愧，我的渺小讓我無地自容。對於他的偉大事蹟，我非常驚訝。當時的情況，至今記憶猶新，我充滿熱情地對我的朋友說：『他是人類永遠的驕傲。就算修築一個最高的紀念碑紀念他的功勳，也是恰如其分。』直到現在，我不認為我的話有什麼不妥。那個鞋匠的事蹟激勵我，我也像他一樣，對大多數人給予同情心，繼續執行他的事業。保羅是一個聰明人，沒有其他途徑幫助別人的時候，他想到藝術，透過它幫助一個貧窮的孩子。約翰·龐茲也非常聰明，他有讓淘氣孩子回到課堂的方法，不是用暴力，而是用自己的熱情，不斷地感化那些頑皮的孩子，讓他們真心去學習。」

愛爾蘭人樂善好施，格斯里醫生也知道這件事情。約翰·龐茲總是一副破舊的打扮，可是在旁人眼裡，他對孩子們的照顧就像愛爾蘭人一樣熱情。人們在為那些享有榮譽之人歌功頌德之時，他們的優秀事蹟也會隨之傳播到世界各地。它可以影響所有人，無論貧富，無論貴賤，人們都會被那個人吸引，接受他的影響。「我做的事情就算再微小，只要堅持下去，就可以取得好的結果。」約翰·龐茲這樣說。

無所事事，足以殺死所有人

自古以來，人類的進化與社會的進步都離不開勞動。查爾斯・詹姆士・福克斯做事勤勞，也喜歡勞動，他總是這樣要求自己。

他在擔任國務卿的時候，因為不滿意自己寫的字，就請一個善於寫字的人來教導自己。之後，他就像小學生一樣，不停地臨摹和抄寫，他寫的字有很大的進步。他的身體有些肥胖，一般來說，人們都是能不動就不動，但是他非常喜歡動。他在打網球的時候，總是去撿那些落在地上的球。人們覺得很奇怪，問他為什麼這樣做。他開玩笑地回答：「因為我勤勞，而且一直都是。」

勞動的重要性不言而喻，它甚至可以看作是個人進步和國家文明過程的根基和動力。

假如一個人所有的願望，不需要透過努力勞動就可以實現，這不是他的幸運，而是他的不幸。因為，這表示他的人生目標不需要奮鬥就可以實現，他的人生沒有體會到奮鬥過程的意義。從某些方面來說，這種生活最讓人失望。

賀瑞斯維拉的哥哥去世了，史齊諾拉侯爵問賀瑞斯維拉：「你的哥哥是怎麼死的？」

賀瑞斯維拉回答：「他死於無所事事。」

「是啊，」史齊諾拉侯爵說，「這個死因足以殺死我們所有的人！」

在這個社會上，不管你的身分和地位如何，都沒有理由不參加勞動。

七十歲的老人約翰・派特森先生說：「一個沒有做過繁重體力勞動的人，簡直不配被稱為勞動者。那些在田間工作的當然是勞動者，除此之外，各行各業都有勞動者。我也是一個勞動者，我還是孩子的時候就參加勞動。法官這份職業，絕對不是我們想像中的那麼清閒，雖然法官的待遇很好，但是他們也要像農民一樣努力工作。然而，農民是工作，法官忙碌的是許多法律問題。他們必須瞭解相關事實，熟悉許多法律條文，判決要公正。」

「他們必須不斷地思考一些複雜的案件，這會讓他有些煩悶。每一次判決，都關係到雙方當事人性命攸關的利益問題，想要解決每個案件上的事情，就要全面地掌握案件的資料，依法做出公正的判決，才不會使人含冤。如果沒有做上述工作，就開始做出判決，可能讓人含冤而死。所以，一個好法官必須努力而嚴肅地工作。不管別人怎麼看，那些真正瞭解法官的人，會深刻地認識到作為一個法官的負擔有多麼重。」

不管你是貴族還是平民，不管你是窮還是富，都要為社會做出貢獻，出自己應該出的那一份力。就算你是一個世襲的貴族，也要為社會做出貢獻，不能理所當然地享有一切。如果像寄生蟲一樣，而且認為依靠別人的勞動而生活很正常，每天吃喝玩樂，只會為世人所不齒。

有些人依靠享用別人的勞動成果而生活，但是沒有為別人做出任何貢獻，他們是懶惰的，應該取消他們的特權。不是所有有特權的人只知道白吃白喝，他們之中的許多人會努力為社會做出貢獻。只有那些無恥之徒，才會滿足於白吃白喝，在世人的白眼中，安然地度過每一天。有些貴族墮落了，他們享有的尊榮和自己的貢獻不相符，因為他們的良心已經泯滅了，懶惰和腐化已經侵蝕他們。

不想付出就想成功，只有懶惰的人才會有這樣的想法。在付出艱辛的勞動以後，才可以體會到自己收穫事物的美好，才可以體會到收穫的價值，才會珍惜它們。我們回憶這個過程的時候，才會感到快樂。度假村是一個休閒的地方，如果去那裡的消費不是自己勞動得來，也不是真正的悠閒。沒有付出自己的勞動，享用它就是不對的。

德國作家萊辛說：「不思進取而無所事事是非常可怕的。如果上帝的一隻手中是『真理』，另一隻手中是『尋找真理』，而且讓我選擇其一，我會說：『上帝啊，我想要去尋找真理，這對我的人生很有意義，真理還是留給你佔據掌握吧！』」

在緊張的勞動之餘，稍作休息，放鬆以後繼續工作。這樣的休息和悠閒才是值得的，如果為了休息而休息，或是無所事事地待著，其結果只是空虛和鬱悶。過度的悠閒，對身體沒有任何好處，就像吃得太多會讓人感到難受一樣。無論是窮還是富，只要無所事事，就會變得空虛、煩悶、無聊。不管什麼人，只要不勞動就不會幸福。

有一個四十多歲的乞丐覺得活著沒有什麼意思，所以選擇到法國的布林熱監獄，在那裡生活八年。他的右臂上紋了一句話：「過去的日子欺騙我，現在的生活戲弄我，將來——我對它滿懷恐懼。」這句話準確地描述所有懶惰者的心理。

一八六九年，史丹利勳爵出任格拉斯哥大學校長。他在就職典禮上，進行一次讓人感動的演講：「一個碌碌無為的人，不管有多麼響亮的名聲，也不管他有多麼良善，都不會得到真正的幸福。因為，沒有勞動的生活就不是生活。我從你做了什麼事情之中，可以知道你大致是什麼樣的人。一個有良好品格的人要熱愛自己的工作，只有這樣，才可以抵禦各種和懶惰有關的思想侵蝕。而且，只有熱愛勞動、盡職盡責，才可以擺脫自私自利帶來的許多煩惱。有些人認為『躲進小樓成一統』，就可以不被外界的俗事干擾，就可以一個人生活，也沒有煩惱和不幸。但是，許多『隱身於世外』的人說，即使隱居也會有煩惱，也要辛苦的勞動。」

史丹利勳爵說：「總是想要躲避煩惱的人，煩惱和憂愁反而會越來越多。懶惰的人總是想要做一些輕鬆簡單的事情，他們希望自己做的事情既不費力又不勞神，但是上帝是公平的，他總是不讓這些懶惰的人成功，甚至把輕鬆簡單的事情變得不容易做。那些懶惰而自私的人，總有一天會意識到上帝對自己的懲罰，上帝不會放過那些沒有責任的懶人。

這種人的大腦裡，都是自私自利、卑劣而庸俗的想法，從來沒有公眾的品性。由於自私的觀念已經在他們的大腦裡形成，以至於他們原本可以形成的正確觀念蕩然無存，各種各樣的私欲已經腐蝕他們。許多不求上進的人，就這樣浪費自己的一生。」

不要成為虛榮心的奴隸

俗話說：「人無完人」，每個人都有一些弱點，有些弱點無關緊要，可是有些弱點會讓自己受到傷害。「虛榮心」這個人性弱點，讓人們不再率真，注重表面，喜歡攀比，忽略內在的修為，不再積極進取；讓人們變得虛偽，開始欺騙隱瞞，甚至失去良知，誤入歧途，走上犯罪的道路……

如今，人們似乎越來越注重金錢，對金錢的渴望讓人們創造許多賺錢的途徑，其中很多是旁門左道或是投機取巧的行為，人們不在乎賺錢的方法是否正確，只想把自己的財富變得越來越多。

生活中，隨處可見人們的鋪張浪費，衣服越來越華麗，首飾越來越耀眼。我們應該意識到，如果自己沒有能力享受奢華生活，可以平淡地過日子，何必打腫臉充胖子？許多商人為了吹噓自己的財產，不惜四處借錢撐場面，招攬自己不擅長的生意以顯示能力，最後被債主告上法院，背上詐欺的罪名。

人們關注自己的外表勝過內心，努力把自己打造成有錢人的模樣，讓別人對自己的第一印象就是家財萬貫，出身高貴。其實，這些都是在用未來的金錢支撐現在的生活。羅伯森和洛德帕斯的奢靡生活，大概是每個愛慕虛榮的人想要的，雖然不是每個人都可以像他們一樣，還是有許多人可以做到與他們持平。

這些愛慕虛榮的人，隨時都在思考如何享受更多樂趣，不管自己的收入是否超支，不管自己的能力是否可以處理巨額的欠款，只在乎別人擁有的東西，自己也要得到，不惜任何手段都要得到。如果在某個方面落後別人，就會覺得自己沒有面子，會被別人看不起。他們認為：人們之所以尊重我，是因為我的品味高尚、談吐不凡、穿著講究，就算這些都是自己偽裝的，他們已經利慾薰心。

就算是欺騙，也要讓自己看起來光鮮亮麗，以結交其他的富人。窮苦的生活是他們要極力掩飾的，還沒有拿到薪水，已經欠下許多債務，薪水在手中還沒有捂熱，就要還給別人。總有一天，他們搖搖欲墜的生活會徹底崩塌，所謂的朋友也會作鳥獸散，沒有人會對他們的不幸表示同情，並且伸出援手。這個時候，可憐的人只能默默接受殘酷的現實。

其實，只要大膽地拒絕，坦誠地告訴別人，自己不是一個富人，負擔還會那麼重嗎？如果因為你沒有錢，那些朋友離你而去，不必覺得難過和沒有面子，他們只是朝著你的錢而來，有錢的時候圍繞你，沒錢的時候嘲笑你，他們不是真正的朋友。沒有經過努力不可能成功，迫不及待地攀上成功的山頂，只會讓你距離它越來越遠，因為你沒有做出行動向它靠近。不要急於求成，否則之前的努力就會白費。

在戲劇裡，「格蘭蒂夫人」的身上集合當代人的所有性格，無論善良還是狡猾、誠實還是奸詐，都可以在她的身上看到自己的影子。她只是一個普通角色，但是她代表普羅大眾。我們被她的表現深深迷住，忐忑又激動地看著她的言行舉止，內心惴惴不安地想著：「接下來，格蘭蒂夫人要說什麼？」

沒有人指導，社會中逐漸形成一個規律，人們不約而同地去除自己的個性，跟隨某個人或是某個流派，把大腦灌滿他們的思想，謹慎地在別人的眼色下工作和生活。我們已經習慣於生活在過去的世界裡，總是參考過去的經驗，失去前進的勇氣。我們害怕遇到困難，長期的惰性讓我們懶於思考問題，不斷地拿取前人的經驗和成果。自由已經被我們拋棄，我們束縛自己的思想和靈魂，機械性地重複拿取的動作。

因此，我們按照社會的規章制度做事，自己在哪個階層，就依照哪個階層的法則生活。好像只要這樣做，別人就會羡慕我們、尊敬我們。我們害怕自己被別人排斥，謹慎地生活和工作，害怕被別人指責這件事情做得不對，那件事情做得不對。我們已經完全生活在別人的陰影中，因此沒有發現，這些指責我們的人甚至比我們更糊塗、貪婪、愚蠢。他們根本就是在胡言亂語，歪曲我們的思想。

威廉・坦普爾爵士曾經說：「任何人都不應該去追求對自己而言遙不可及的東西，不要試圖讓自己變成想像中的人，你是什麼樣子，就保持這個樣子。」無數的經驗和教訓都說明這一點。

現在，人們有一個非常普遍也是非常惡劣的習慣——虛榮，其中更以地位比較高的人居多。他們覺得自己高人一等，絕對不能降低身分，必須更努力地提升自己的身分和地位。因此，他們處心積慮地展示自己的能力和富裕的生活，不管自己是否可以承受巨大的壓力。

別人的尊敬應該是透過努力做出成績而得來，但是現代人只是在生活水準上進行比較。住豪華別墅，穿名貴衣服，人們就會覺得他是一個有錢人，因此對他肅然起敬。這一切只是外在表現，可是被人們當作最主要的條件來評判，一個品格敗壞的人可能受到人們的尊敬，只是因為他看起來很有身分。由此可見，道德和品格已經被人們遺忘，甚至有些人表現出對它們的唾棄。

這一切的根源，就是在於人們對身分和錢財的過分重視。各個階層的人們都在明爭暗鬥，想盡辦法讓自己擠進身分高貴的行列中。如果覺得某些人比自己身分低下，就會表現出輕蔑的態度。就像在伯明罕的一個俱樂部裡，一群穿著燕尾服的人，看不起沒有穿燕尾服的人。塞德勒先生被科培特稱為「做亞麻布生意的人」，很明顯，科培特看不起他。在有錢人家裡放牛的奴僕，也認為自己比在酒鋪工作的奴僕高貴。然而，塞德勒先生被別人看不起的同時，也看不起地位比自己低下的人，然後這些人又看不起地位比自己低下的人。塞德勒先生鄙視做生意的路邊商人，這些路邊商人鄙視維修工人，維修工人鄙視苦力勞工。

人們總是可以找到地位比自己低下的人，不管他們在什麼階層或是地位上。位於中間地位的人似乎特別尷尬，因為他們急於與下層民眾劃清界限，只想往上爬，但是苦於自己能力有限。城市越小，人們的鬥爭越激烈，各個階層的人形成許多團體，不讓外人進出，並且和其他團體的人不相往來，覺得那樣做會降低自己的身分。我們可以看到，在一個教區裡存在的團體超過六個，相互之間有非常嚴格的等級制度。

每個團體拒絕地位比自己低下的人加入，而且努力奮鬥以縮短與高地位團體之間的距離，希望高地位團體可以接納自己。殊不知，高地位的人也像他們拒絕別人一樣，拒絕他們的加入，對他們的努力嗤之以鼻。

所有手段的目的，都是為了進入高階層社會生活，為了得到內心渴望的尊敬，每個人奮不顧身地往上爬。人們想要更多的財富，更多的權力，更高的身分，得到這些會使自己笑顏逐開，但是沒有人注意到自己的靈魂已經逐漸消失，頭腦裡只剩下臭氣薰天的銅臭味。在追逐名利的過程中，人們不再珍惜簡單美好的事物，因為每天接觸金錢和權力，已經對這個世界產生厭煩的心理。

不因為貧窮而虛榮，卻因為虛榮而貧窮。我們渴望誠實、渴望真實、渴望坦然，所以我們拒絕虛榮，拒絕這個人性的弱點，絕對不做虛榮心的奴隸。

欠債就像在做一個連續的噩夢

相較於欠債的原因，更讓人們頭疼的是隨之而來的麻煩，他們永遠不知道欠債給自己帶來多少煩惱。欠債會壓垮人們的身體，讓家庭失去歡樂和幸福。

就算一個欠債的人有固定工作或是固定收入，也不會比別人安心，債務就像一塊巨石壓在他的胸口上。他的收入無法用來儲蓄或是買車買房，也無法給妻兒改善生活，這些錢都要還給債主，甚至他現在居住的房子也岌岌可危，可能會被銀行拿去抵債。

即使是家財萬貫的富商，遇到巨額欠債也會擔憂自己的情況。這些富裕的家庭在他們的祖先時期，因為奢侈浪費而欠下許多債務，抵押家族的不動產，因此給後代帶來許多麻煩。上層階級似乎已經預見這種情況，制定法律規定自己的欠債在死後立刻失效，後世子孫不必擔心會繼承已經抵押的不動產和債務，可以繼續肆無忌憚地揮霍財富。但是很少有人可以擁有如此巨大的權勢，可以幸運地擺脫祖先的債務，大多數人會連同債務一起繼承，有些債務甚至比家產還要多。英國國內的很多土地都是處於被抵押的狀況，或是已經成為許多債主的家產。

有些人看到一些偉人也有欠債以後，隨便判斷欠債的人必定是身分崇高和成就非凡，只有偉人才可以欠債，因為他們有比較高的信用額度。同樣的道理，也可以適用於強大的國家。弱小的國家和個人不會有債務，因為他們能力不足，放款人不相信他們可以還清欠款。欠債人的名字會經常在民眾眼前出現，人們猜想他們是否有能力還錢、什麼時候可以還錢，他們的每個動作都展現在民眾眼前，人們甚至會對他們的日常生活表示好奇。沒有欠債的人，那些不被民眾關注的人，悄無聲息地生活在引人注目的人們背後。

在人們的意識中，放款人和欠債人是兩種極端的人性表現，人們的憐憫之心不由自主地偏向欠債人，但是人們只看到片面的情況。戈德史密斯欠下房租和牛奶錢無力償還被抓走的時候，我們覺得他很可憐，但是不要忘記，因為他的欠債，房東和送牛奶工人拿不到錢，他們的生活也受到影響。只要看到有人身負債務，我們不由自主地產生憐憫之心。彭達戈路爾曾經嚴厲地對巴盧奇說：「如果你沒有錢財糾紛，誰還會在意你？神靈都會朝向我這裡。不要以為和錢有關的事情就是高尚的事情，只有身負債務才可以算是偉人。」

但是，不管欠債被多少人歌頌稱讚，它給人們帶來的後果是痛苦的。為了早日還清債務，讓自己不再受到債主催逼，人們會鋌而走險，選擇具有危險性的方法賺錢。欠債人的親戚朋友不會給他們好臉色，會逐漸遠離他們。即使是在自己家裡，他們也會戰戰兢兢，聽到敲門聲會渾身抖個不停，認為是債主上門催討欠款。但是謝立丹對付債主有一個妙計，他在債主上門以後，讓他們去自家的馬圈，在那裡接待他們吃喝。欠債的人在任何地方都會坐立不安，感到難堪。他們的脾氣也會變得古怪陰鬱，如果別人表現出開心的樣子，還會對別人發脾氣。以前他們認為，只要有錢就可以擁有一切，所以不停地追求金錢，最後欠下許多債務。他們的自尊心和能力受到打擊，別人向他們投來的眼神也是鄙視和不屑。欠債以後，他們不敢拒絕別人的要求，就算無法做到也會勉強答應。他們已經抬不起頭，自由也掌控在別人手中，就像被抽去靈魂。他們希望得到家人的原諒，希望債主和律師多給一些時間讓自己還債，但是家人對他們的哀求置之不理，仍然是冷漠的態度。債主也許會同意寬限幾天，但是這未嘗不是一個讓他們越陷越深的圈套，雖然他們也知道其中的陷阱，但是還有其他選擇嗎？他們不是拖延時間，就是被債主送進監獄，在那裡生活到老。

其實，只要我們在做事的時候衡量自己的能力，不做超出能力範圍之外的事情，欠債是可以避免的，它帶來的一些後果，例如：品格敗壞、失去自尊，也不會出現在我們身上。但是現在，人們對某件事情做出決定的時候，總是抱持非常樂觀的態度，感覺自己什麼都可以做到，欠債一定可以還清。想要買漂亮衣服，想要住豪華別墅，想要吃山珍海味，想要看歌劇表演，這些事情確實讓人羨慕，可是自己能力不足的時候，還是和它們保持距離比較好。為了參加派對去向商人們借錢，可是你不知道這些派對就是商人們舉辦的，你的行為在別人看來，豈不是很可笑？

我們要保證生活的收支平衡，不要盲目衝動地用原本應該積蓄的錢來買現在想要但是不需要的東西。**如果可以修改社會制度，第一個應該取消的就是借貸制度。不管是放貸還是借貸，我們都要堅決制止。**一個人是否欠債，預示他的未來生活是否可以幸福。如果他精打細算生活的開支，合理安排儲蓄金額，總是用現金購買商品，不對外借錢，他的積蓄足以應付突然出現的緊急情況，他的家庭也不必背上沉重負擔，存款還可以越來越多。

只要出現超出生活開支之外的帳務，他的經濟情況就會變得緊張，欠這裡一些錢，欠那裡一些錢，手忙腳亂地還錢，就會變得煩躁和鬱悶。不要以為買東西的時候一分錢都沒有出，其實那些錢都寫在欠單上，但是他渾然不知，並且為此感到得意洋洋。高興了一會兒，欠單擺在他面前的時候，他就會唉聲嘆氣。要知道，甜蜜的背後是苦楚。

為了照顧市民和商人的利益，國家曾經在幾年前頒布一個法律政策，允許成立小型貸款團體給市民進行貸款，但是這個政策成為一些人牟取暴利的手段，他們組成貸款團體給人們放貸，開出的條件十分誘人，可以每個星期還貸，利息為五％。人們看到以後，紛紛前來貸款，但是許多人只是想要買一些自己無法得到的東西，還有一些人是超前消費，雖然在薪水到手以後就可以還清貸款，但是這種做法有些冒險，薪水到手以後再買不是也一樣嗎？心裡還會覺得很踏實。

不要以為每個星期五％的利息划算，我們不如計算一下。例如：某人貸款十英鎊，也就是兩百先令，開始還款以後，每個星期就要還五％，也就是十先令，覺得每個星期十先令不算高，那就錯了。如果不還本金，錯過還款期限，利息就要按照借貸總額計算，每個星期的利息還會增加，最後應該還的錢會超過本金。所以說，陰謀是藏在外表之下，欠債就像在做一個連續的噩夢。

俗話說：「無債一身輕」，長期生活在欠債環境下的人，身心都會受到煎熬。如果想要避免這種煎熬不如合理消費，盡量不要欠債或是把債務降低到可以承受的範圍內。

沒有債務，讓你更容易成功

俗語說：「我們無法讓空無一物的袋子站立起來。」同樣，身負沉重債務的人，只能像蝦子一樣弓著身體，甚至無法擁有基本的誠信。人們都知道，欠債的人沒有幾句實話，兩者是緊密相連的。欠債的人經常編造謊言，希望借錢給他的人對自己放鬆一些，為了說出各種理由而煞費苦心。其實，只要節省一些，就不會欠債，只要跨出第一步，就會無法控制自己的行為，第二步、第三步接踵而來，逐漸就會累積很多帳單。同理，第一次說謊總是無法開口，可是突破之後會接二連三地說謊。

海頓是一位畫家，在第一次欠債以後，就變得一發不可收拾。後悔的他，明白「欠債的人，永遠無法享受舒適的日子」的道理。他在日記中描寫自己的困境：「欠債之後，就背上看不見的負擔，現在我身上的負擔還沒有卸下，也許我死了以後也拿不下來。」他把欠債以後的窘迫生活以及自己的精神變化寫進自傳中，生活的改變讓他無法專心工作，同時還要面對別人的鄙視，自己感到非常痛苦和難堪。**去海軍服役之前，他給朋友的信中寫了許多勸告的話：不要因為一時的歡愉，讓自己背上債務，人們看不起有債務的人。**如果有人找你借錢，你的情況也允許，還是可以借錢給他，但是不要因為湊錢給別人讓自己欠債。記住，不管發生什麼事情，一定要靠自己的能力解決，不要依靠金錢。

人們在青年時期就有欠債現象，是一種非常不好的情況。詹森博士說：「不要以為借錢只是在給別人增加困難，最大的損害是直接影響你。不斷地借錢會讓你失去奮發的精神，只想依靠別人生活，還會讓你在面對誘惑的時候變得更軟弱。看看那些意志堅定的人，有誰是全身債務？所以，我們應該堅決抵制欠債這種行為，運用自身的努力躲避貧困，讓生活變得富裕而快樂。貧困會把一些美好品格從心靈中擠壓出去，還會讓人們失去自由。節省可以帶給我們安靜愉悅的生活環境，在保證自己生活美滿的同時，還可以幫助別人。如果不改變自己的思想，永遠無法得到別人真心實意的幫助。」

自己的事情應該自己解決，我們要養成記帳的好習慣，還要學習一些基本的計算方式，可以幫助我們更好地管理收支情況。我們的生活要和自己的能力與積蓄相符，不能超過能力和積蓄的最高值，這需要我們做出一份詳細的規劃。約翰・洛克希望人們可以記錄日常開銷和收入，清楚地知道自己的經濟情況，就不會出現超支現象。威靈頓公爵有一本專門用來計畫錢財的報表，他告訴格萊齊先生：「不要讓傭人為你付帳，之前我都是這樣做。一天早晨，我決定改變方法，由我自己去付帳，我就可以知道自己的經濟情況。我想，這樣對我們都有好處。」

威靈頓公爵說：「為什麼我會改變主意？就在那天，我收到自己在兩年之間的所有欠單，原來我的傭人把原本應該為我付帳的錢拿去投資，我才知道自己欠下這麼多債。」說到這裡，威靈頓公爵感嘆地說：「我知道沒有錢是什麼感覺，可是我從來不和別人借錢，我知道如果借錢，就沒有自由可言。」和威靈頓公爵有同樣想法的華盛頓，經常對家庭開支進行查驗，他對待錢財十分謹慎，即使當上總統也未曾改變。

聖文森伯爵曾經擔任艦隊司令，在回憶往事的時候，特別說明自己不管在多麼困難的情況下也不會借錢。「年輕的時候，我的家裡很窮，家人的生活都是依靠父親來維持，但是我進入社會工作的時候，父親第一次主動給我二十英鎊。之後，我因為參軍的時候生活拮据，寫一封信請求父親資助，錢寄來了，但是父親的信中透露出責怪的意思。我覺得非常難堪，發誓以後不管多麼困難也不再借錢，我沒有打破這個誓言。被父親責罵之後，我開始反省自己的生活，依靠努力賺錢。我把部隊發給我們的補貼存起來，衣服和床單都是自己洗自己縫，也學會縫製褲子，用一塊亞麻布床單做的。存款增加之後，我如數還清父親的錢，讓我覺得自尊心又回到自己身上。我已經養成勤儉節省的習慣，隨時提醒自己用錢不能超出預算。」聖文森伯爵經過六年的節儉生活以後，成為一個嚴謹正直的人，在工作上的努力也沒有白費，依靠出色的成績，最終成為艦隊司令。

不難看出，年輕時候債務沉重會讓一個人失去自由。反之，沒有債務可以讓人輕裝前行，事業更容易成功。

第2章

做一個渴望成功的人

成功從來沒有捷徑，即使成功學家也要付出努力和汗水。無法成功的人，都有一個相同點，那就是：從來不渴望做一個成功的人。

想要成功，就要找成功人士做同伴

同伴會在成長的每個階段對一個人施加影響，這一點在年輕人身上特別明顯。**喬治・赫伯特被自己的母親這樣教導：「好的食物對我們的身體有益，與此相同，同伴品行的好壞會影響我們的心靈對善惡的選擇。」**

想要不受別人的影響而獨善其身，這是不可能的。人類天生就會模仿身邊的東西，對於周圍同伴的言行舉止，會有一些印象。伯克說：「榜樣不可能沒有影響力，它的力量比巨浪更大，人類最好的老師就是榜樣。」羅金漢公爵曾經收到一張寫有伯克座右銘的紙條：「要以榜樣為內心的規範和言行的指導，這樣的要求要一直堅持下去。」

榜樣會讓人們在自然的狀態下受到影響，就像人們自然為之的模仿行為一樣。這種影響是持久的，不會因為時間的流逝而失效。一個容易接受影響的人遇到一個具有強烈影響力的人，前者的品格會受到很大的影響。無論影響力的強弱，人們都會對自己周圍的人產生影響。我們在與別人接觸過程中的感情流露或是言行舉止，都會受到對方的影響。

愛默生認為，長期生活在一起的人，會有越來越多相似的地方。也就是說，只要他們在一起生活的時間很久，我們很難發現他們的不同之處。這個在老人的身上得以展現的觀點，可以讓年輕人擁有更多選擇權。年輕人更容易被外界影響，他們會自然地模仿周圍的人，對於別人的影響，他們更容易接受。

查爾斯・貝爾勳爵在信中寫道：「人們雖然對教育的問題進行很多討論，可是他們不明白榜樣才會產生最關鍵的作用。我的哥哥作為我的榜樣，帶給我最大的影響。我的家庭成員都以獨立為榮耀，所以現在我變得獨立，也是受到他們的影響。」

人類的品格形成，會在兒童時期受到周圍環境的影響。榜樣的行為會隨著時間的流逝而融入我們的生活，而且會變得不容分割。只要它變為習慣，就會難以改變，我們已經在潛移默化中被它改良。

有一天，一個孩子在玩一個低劣的遊戲，被柏拉圖看到。柏拉圖按捺不住脾氣，上前批評那個孩子。

那個孩子生氣地說：「你不應該為了這些小事而批評我。」

柏拉圖回應：「你要明白，大事就是由許多小事組成的。」

常言道：習慣成自然。一個不良的習慣，就像一個纏著自己不放的魔鬼，會把我們拖入深淵。如果我們無法從這個習慣的詛咒中脫身，就會成為它的奴隸。

為此，洛克曾經說：「自身道德想要被規範，就要讓自己擁有打破習慣束縛的精神力量。」

不要擔心因為別人的影響而失去自己的本性，每個人都會按照自己的主觀意志生活。我們會在意志的影響下，對自己的同伴做出選擇。如果失去自己的獨立判斷，成為別人的影子，就是一個意志薄弱的人。

有一句眾所周知的格言：「一個人的為人，可以在他的朋友身上看出端倪。」每個人都會選擇與自己品行相近的人做朋友。節制的人不會與酒鬼為友，高尚者的朋友不會是荒淫無度的傢伙。庸俗的人不僅會降低我們的品格，還會讓我們的品格走向邪惡。」

塞內卡曾經說：「邪惡的人會給你的心靈帶來不良的影響，與他攀談是錯誤的，就算你轉身離開，他的話語也已經影響你，會導致你將來的悲劇。」

接觸優秀的人，你會變得精力充沛

一個好的環境可以讓年輕人受到正確的教育，他們由此可以透過意志，選擇高尚的人作為榜樣，並且作為以後生活中激勵自己前行的力量。我們可以在好人的身上吸取他們的才華，進而讓自己變得耀眼。反之，壞人只會把我們帶入災難的深淵。我們的身邊有一些讓人愛戴的人，也有一些讓人避之不及的人。

這個問題在拉伯雷的《巨人傳》也有論述，道德崇高的人會在交往中淨化你的心靈。「你在狼的身上，只會學到吼叫。」西班牙民間諺語這樣說。

希默爾彭寧克夫人這樣說：「直到現在，我還在為那段流離失所的時光對我的影響而難過。那些有罪又不思悔改的人，是我們最可怕的敵人。一個孤獨的人，不會接受別人的幫助，也不會與人為善。我們可以透過擴大社交圈以獲得與人溝通的經驗。你會在交流中獲得別人的理解，最後在別人身上看到優秀的地方。交往中，我們的品格會得到提升，我們會在清楚瞭解自己以後，走向更理性的人生之路。」

榜樣對青少年的作用，阿諾德博士有清楚的認識，他的研究成果讓學生的品格得到提升。他讓學生中的骨幹受到自己崇高精神的影響，讓這些人成為其他學生的榜樣，由此讓所有學生的品格得以提升。阿諾德博士讓所有學生明白，他們與自己一樣，都是學校的一份子，承擔學習的責任。

學生們的力量與自信在這種方法下得到釋放，他們感覺到自己被賦予信任。就像其他學校一樣，庸俗的人在拉格比市立學校也存在。對那些壞孩子，阿諾德博士非常關注，不願意這些人教壞好學生。他提醒副校長：「看見那兩個最近在一起的學生嗎？你要留意他們在做什麼，他們一定有不同的改變。」

阿諾德博士身體力行教導自己身邊的人，所有優秀的老師都是這樣做。那些優秀的老師教導孩子所有美德的基礎，那就是：讓他們瞭解自尊。阿諾德博士的傳記作家寫道：「孩子們透過以他為榜樣，瞭解生活的樂趣與意義，也瞭解何謂健康的活力和良好的精神，對他們今後的人生道路有不可磨滅的影響。孩子們的腦海裡種下他精神的種子，沒有因為他的離去而感到生活裡缺少他的精神，因為他們的心裡有他的偉大人格為伴。」阿諾德博士讓許多人變得品格高尚，這些人沒有辜負他的教誨，把他的崇高精神傳播到世界的各個地方。

同樣傑出的人還有杜格爾德・斯圖爾特，各個時代的學生都受到他高貴品格的薰陶。柯克本爵士說：「我們通往天堂的道路被他的演講指明。聽過演講以後，我們終於對自己有真正的認識。從他流光溢彩的語言裡，從他高尚的品格裡，我們看見一個與眾不同的世界，一個被崇高理想包裹的境界。我的品格由此被影響，而且這個影響是如此深遠。」

生活的各個方面都有品格影響留下的痕跡。在人們的周圍，優秀的品格會產生一種可以激發生活熱情的格調。富蘭克林的品格影響他工作的地方，整個工廠都為之改變行為方式。同理可知，道德惡劣的人也會汙染自己同伴的品格。**愛默生在那個有「勇往直前的布朗船長」外號的人那裡聽過這樣的話：「對於新的國家來說，一個善良守信的人與一百個虛偽的人比較，前者更有用。」**許多人在榜樣這股強大力量直接或間接的影響下，不知不覺地提升自己的品格，而且讓自己的生活充滿活力。

與優秀的人相處，會使自己變得優秀。優秀的人會把高尚的品格向周圍散播。古老的東方有一個寓言：有一片充滿芬芳氣息的土地，這片土地說：「在我身上盛開的玫瑰，把我這片普通的土地變得不普通。」卡農·莫斯利說：「人們會疑惑自己為什麼總是在不知不覺中受到善行的作用而自覺地行善。」

伴隨善行而存在的還有惡行，它會用難以抵抗的力量形成惡的循環。這種影響會不斷地傳播，也會在人群中擴散，最終讓每個人受到它的作用。就像我所知，人類社會中流傳至今的美德難以找到首位開創者。因此，拉斯金先生說：「邪惡就像勇敢和正義一樣，源於人類的本性。」

每個人的言行都會影響周圍的人，其中有好的，也有不好的。善良的人不僅可以教育別人，也可以讓人避免邪惡的誘惑。一位虔誠的牧師被胡克博士這樣評價：「他是一個可以碰觸到的辯論家。」胡克博士被這個有神論者的善良美德折服，即使他是一個堅定的無神論者，還是對這位牧師心悅誠服。善良的喬治·赫伯特牧師說：「認真對待生活，是人們最應該重視的事情。我的德行是作為牧師佈道最有力的工具，只有受人敬仰和愛戴的榜樣，才可以給人深刻的影響。我會身體力行，想要在這個時代發揮實在的作用，不能只動嘴巴，還要動手去做。」

人們認為這位善良的牧師對窮人太過和善，責備他失去自己的尊嚴。他用意味深長的話回答那些人：「我的善行，就像在深夜時分聽音樂。」大主教安德魯斯收到喬治・赫伯特一封關於神聖生活的信，關於這封信，根據艾薩克・華爾頓說：「大主教一直隨身帶著，給自己的信徒看過以後，他會立刻收好。在他去世的時候，這封信還珍藏在他的胸前。」

善行不僅有讓人折服的魅力，還有無法抗拒的感染力。那些被善行感染的人，都是人類靈魂的領袖，是人類中的優秀成員。在臨近死亡之時，尼克爾森將軍想到自己的一個勳爵朋友，這個朋友叫做赫伯特・愛德華茲，是一個有與自己同樣高尚品格的人。將軍留下遺言，要身邊的人轉告勳爵：「如果我可以一直與你為伴，或許我會變得比現在更優秀。我沒有因為繁忙的工作而對你的生活知之甚少。我在你家與你的家人相處非常融洽，你們是很好的人，是值得我敬愛的人。」

我們會因為接觸的人優秀而變得精力充沛，就像在清新的自然中讓身體得到舒展，由此獲得無限的力量。那些不正之風，在湯瑪斯·摩爾動爵平易近人的魅力淨化下，蹤影全無。菲利普·希尼去世的時候，他的朋友布魯克爵士這樣評價他：「他的智慧與才華，淨化他的心靈。他的真誠行為，才是影響別人的方法，那些空泛的言語，不會像現在他做的這樣，把自己與別人變得偉大和優秀。」

有些人會指引你前行

那些精力充沛而且精神高尚的人，會在自己創新的道路上，指引別人前行。他們代表生機、自信、獨立，他們的言行會對身邊的人產生長遠的影響，並且因此獲得別人的尊敬。這些人之中的偉大代表有：路德、克倫威爾、華盛頓、皮特、威靈頓。

格拉斯頓先生這樣描敘前眾議會議員帕默斯頓爵士：「他堅強的意志、負責的態度、不動搖的決心，使他成為我們敬仰的榜樣。在他的榜樣作用下，我們恪盡職守。強大的病魔面對他堅強的意志，也會黯然失色。他是一個可以看清善惡的人，他的行為是坦蕩的。他不會隱藏自己的壞情緒，會真誠地表露出來。他個人魅力的表現就是他高貴的本性——誠實，我們的心裡都有逝去的帕默斯頓先生高貴品格的影子。我們對他最好的紀念，就是發揚他忠於職守的品格。」

俗語說：「英雄惜英雄。」事實就是如此，看看那些出眾的領導者身邊，那些圍繞他的人都有與他相近的品格。因此，約翰·莫爾勳爵也是在人群中發現皮納爾三兄弟。在勳爵的傳記中寫道：「雙方都敬佩對方。勳爵優雅的舉止、公正的態度、勇敢的品格征服三兄弟，他們把勳爵當作自己仿效的榜樣。在三兄弟的身上，勳爵也發現他們的優點，他的敏銳判斷也在這一點上得到展現。」

那些積極奮進的舉動會感染到周圍的人，勇敢者的存在會讓膽怯者做出行動。納皮爾說過一個故事：「西班牙軍隊在維拉戰鬥中被打散。在戰場上，雙方打得不可開交的時候，一個叫做哈威洛克的年輕軍官勇敢地帶領西班牙士兵衝出去。他騎馬衝過敵人前線的障礙物，與敵人在壕溝裡展開廝殺。西班牙士兵因為他的英勇舉動而士氣大振，呼喊口號奮勇向前，最終在激烈戰鬥以後，獲得勝利。」

在紐維爾的戰鬥中，我們也可以看到類似的例子。一個瘦小的年輕人，名字叫做愛德華，雖然他是一個新兵，可是他在戰場上的英勇表現讓那些老兵奉為楷模。在最困難的時刻，他強大的品格激勵士兵們，讓這些弱小的人自願聽從他的指揮。

這些現象在生活中也可以看見。善良的品格會被人們追捧，自然而然，人們也會以偉人為學習的榜樣。我們會在善良的品格中獲益，它會鼓舞和振奮我們的心靈。下屬會因為處於權力核心的人品格高尚而歡欣鼓舞，這樣也會使權力的力量得到加強。切沙姆進入內閣的時候，他的個性魅力傳播到政府的各個部門，每個人都受到他的影響，下屬也為這位英雄的出現而變得充滿信心。

在人們看來，華盛頓成為軍隊的最高指揮官會讓美國軍隊變得更有戰鬥力。一七九八年，華盛頓年歲已經很高，他回到維農山莊，從此不再插手政治。這個時候，美國受到法國的威脅，兩國隨時有可能交戰。當時，美國總統亞當斯寫一封信給華盛頓，信中說：「我希望我們的軍隊可以接受你的指導，你的名聲比無數軍隊更有用。現在，即使我的要求不合理，我還是真誠地希望你的高貴品格可以幫助我。」我們從中可以知道，在民眾的心中，這位偉大總統的高尚品格和非凡能力是別人無法比擬的。

關於伊比利半島的歷史中，有一個關於戰爭的事蹟。一個優秀的指揮官，他有崇高的品格，那些追隨他的人，都在他榜樣的作用下得到薰陶。有一次，蘇爾特的軍隊趕往索羅林地區，準備襲擊駐紮在那裡的英軍。由於總指揮威靈頓公爵不在，所以英國軍隊裡的士兵感到非常緊張。這個時候，在帳外的葡萄牙士兵坎貝爾看到一個人騎馬衝過來，他興奮地歡呼，來人就是威靈頓公爵。接下來，軍隊裡的士兵鼓掌歡迎公爵的出現。戰前的掌聲已經成為英國軍隊習以為常的事情，可是他們的敵人卻為此壓力沉重。威靈頓公爵來到一個醒目的位置上，他是有意這樣做的：為了向敵我兩方展示自己的到來。間諜提醒蘇爾特查明情況，威靈頓公爵看著對面那個人說：「對面的指揮官，沒錯，你是一個優秀的指揮官，可是你不夠果斷。你過於謹慎，為了查明歡呼聲而錯過進攻時機。我們的增援部隊就要來了，我帶領的第六縱隊立刻就到，你將要嘗到失敗的苦果。」結果就像威靈頓公爵所說，英軍勝利了。

人類的品格會在特別的場合具有難以用常理解釋的力量，那些具有如此品格的人，是超越自然力量的來源。龐貝，這位偉大的將領說：「我回到自己的國家，踏上義大利國土的時候，我的軍隊就會立刻出現在我的面前。」在歷史學家的筆下，歐洲人會在彼得的號召下，勇敢地向亞洲人發起挑戰。卡利佛的手杖與別人的寶劍相比，前者更讓人畏懼。

有些人的名字有特殊的力量，它們就像衝鋒的號角一樣，讓人奮進。道格拉斯在奧特本戰場上受到重傷，在死前，他命令士兵呼喊他的名字，要他們拼盡全力地呼喊。他的名字成為鼓舞士兵戰鬥的口號，最終借助這股精神力量，他的士兵取得戰爭的勝利。後來，蘇格蘭人在詩中寫道：「道格拉斯死後，他的名字，那種讓人奮進的英明，代替他獲得戰爭的勝利。」

有些人的影響沒有隨著他們的逝去而消散，這些人的品格還活著，在每個受到影響的人心中活著。詩人麥克雷這樣說：「凱撒那具遭人暗殺以後留下的屍體毫無價值，可是他活力無限的靈魂可以威懾眾人。人們不覺得靈魂隨著他的肉體一同逝去，他們覺得他純潔可敬的靈魂依然存在。就算他不完美，也有一些缺點，可是他具有人性的光輝。」還有一些被謀殺的品格高尚者對後世影響深遠，例如：被「耶穌會」間諜暗殺的威廉，那個奧蘭治的威廉，他死於台夫特。荷蘭政府在當天就下定決心查明真相，後來他們履行自己的諾言，不惜代價地查明真相。

品格的力量在這些事例中得到證明。偉人是人類力量的寫照，是人類歷史中永恆的勳章。在人類歷史上，有偉人留下的不朽痕跡，他們的肉體雖然已經湮滅，可是他們的思想永恆不滅，人們會把他們牢記在心。後人會以他們不朽的精神為榜樣，用它規範自己的思想和意志，這種精神會一直傳承下去，對後人的品格形成產生難以預計的作用。人類的進步之路是在偉人的崇高品格的指引下形成，明亮的精神光芒讓後人從黑暗的迷茫中走出，讓心靈變得更純淨。

那些真正偉大的人會把國家的利益看得最重要，這也是人們敬仰和擁護他們的原因。不僅是同時代的人，後人也會受到他們精神的影響。他們的品格是一種巨大的力量，也是人類社會珍貴的財產。同樣成為人類的寶貴遺產，還有他們的偉大成就和深刻思想。他們是後人的領路人，人類因為他們變得更遵守原則，也變得更有尊嚴感。人們的心靈被這些高尚的天性洗禮，變得更純淨。

那些不可改變的行為，都是對品格教育的思索和實踐。偉人的思想不會短期的存在，會在人們的心中長期駐紮，在我們的生活和日常的瑣事中，都會表現出這些思想。時間無法束縛這些品格的力量，這種無形的力量影響人們的心靈，即使這些人隔著漫長的時間長河。因此，我們可以與那些逝去的偉人交流，用心靈與摩西、大衛、所羅門、蘇格拉底、柏拉圖、色諾芬、塞內卡、西塞羅、愛比克泰德對話。在當時，他們的思想可能難以理解，可是後世會把他們的思想發揚光大，進而影響自己的品格。

希歐多爾・帕克曾經說：「無數個南卡羅萊納州也無法與一個蘇格拉底相抗衡。對於一個國家來說，他的價值是無法比擬的。」如果努力可以決定一個人的下限，品格決定的是這個人的上限。

偉人具有不可思議的影響力

對於青少年來說，那些善良者的一個普通行為也可以影響他們。他們品格中的優秀元素，例如：親切、果敢、仁慈，都是吸引人們的芬芳之氣，人們會不自覺地對他們表達愛慕敬仰之情。夏多布里昂與華盛頓的會面改變他的一生，他這樣談及那次會面：「我在華盛頓離開這個世界的時候，還是毫無名氣。我從他的身旁走過，我是一個沒有名氣的人，他不認識我。可是那個時候，他是萬眾矚目的名人，我在他的面前只是無名小輩。可是，我為這次會面倍感榮幸，我的一生被他鼓勵的目光激勵，偉人的目光具有不可思議的力量。」

波瑟斯這樣評價死去的布雷爾：「在當代，他無愧於『最偉大的人』這個稱號。在他的面前，道德匱乏的人會卑怯不堪，被予以信任的人會以他為楷模，年輕人是他支持的對象。」在其他場合，波瑟斯也說過這樣的話：「對於一個摔跤者來說，周圍有一個值得信任的摔跤者是一件好事。那個人生前受人敬畏，他去世以後，遺像也會讓邪惡望而卻步。」

在騙人之前，猶太教徒會用絲巾蓋住自己喜愛的聖徒畫像。**對此，黑茲麗曾經說：「人們不會在純潔無瑕的美女畫像前做出低俗的表現。」**一個貧窮的德國婦人，指著牆上宗教改革者的畫像說：「這張誠實正直的臉，會教導人們向善。」

我們可以與那些牆上高尚者的畫像為友，這樣會使我們感受到其他情趣，一種更密切的情趣。我們會在審視他們模樣的同時，加深對他們的瞭解。我們可以透過他們，與那些高尚和優秀的人走在一起。我們會在向這個榜樣學習的同時完善自己，即使無法做得像他們一樣好，也可以在一定程度上受到良好薰陶。

談到伯克的言行舉止，福克斯自豪地說：「他對我的影響非常深遠。如果可以量化比較，把我至今為止在書本上學到的所有知識和生活經驗中的知識加在一起，也無法衡量我從伯克的言行舉止中學到的東西。」

對於自己與法拉第之間的友誼，丁達爾認為是「力量的楷模，也是鼓舞的榜樣」。共同度過一個傍晚以後，丁達爾如此回憶：「看他工作就明白，他的行為無愧於人們對他表示的尊重。我的心靈透過與他的接觸得到溫暖和昇華，他的這種力量讓我敬仰。可是，讓我獲益匪淺的是他的謙遜、和藹、樂觀這些美德。」

對於威廉·納皮爾勳爵的著作《伊比利半島戰爭史》的問世，全世界都對他表示感謝。蘭德爾爵士，他的一個朋友，也就是這個朋友建議他完成那本著作。

有一天，他們結伴而行，走過一片原野（位於現在的貝爾格萊維亞）的時候，蘭德爾爵士向他提出這個建議，要他寫一本關於伊比利半島的書。納皮爾勳爵這樣說：「就是蘭德爾爵士把我的思想激發出靈感。」他的傳記作家寫道：「他的才智會讓所有與他會面的思想家印象深刻。」

人們的品格會在別人的影響下形成，想要看到事實的證據，觀察馬歇爾·霍爾博士的一生就可以明白。霍爾博士幫助和影響許多人走向成功，成為傑出的人。他如此教導年輕人：「如何走向成功？朝著一個目標，不停地走下去。」他會把一些新的想法告訴那些年輕的朋友：「只要努力地做，不鬆懈下來，就會得到回報，你的辛勞會收穫到果實。」

人們經常在別人品格的影響下，讓自己的品格發揮潛力，雙方的人格會互相作用，人們會受到這種力量的影響，周圍的人會被一個熱情飽滿和充滿活力的人引導。這種力量會讓人自覺地模仿，它是讓人無法抗拒的力量。這種力量由每根神經傳導，最後會迸發出燦爛的光輝。

阿諾德博士的傳記作家寫道：「那些讓人們產生共鳴的活力，才是真正震撼他們心靈的東西。生活中的一種精神就是這種活力的源頭，它是健康而長存的活力，來自於人們對神的敬畏和自己厚重的責任感。」

偉大的精神是力量的泉源，力量依靠它傳播到各地，進而影響到眾人。但丁引發許多偉人的出現，受到他影響的有佩脫拉克、薄伽丘、達索等人。米爾頓也在他的影響下學會忍讓，變得更冷靜，不再糾結於惡毒言語的侮辱。許多年以後，拜倫來到但丁住過的那片松林，在此地，他的靈感被但丁的精神激發，寫下昂揚的詩句。也是在但丁的影響下，阿里奧斯托和提香互相扶持，鑄成光輝的業績。

人們會自然地對引導自己前行的偉大和善良之輩給予敬意和崇拜，這樣會讓他們的精神變得更高尚，社會因為偉人被千古傳頌的高尚思想和事蹟而變得道德良好。聖伯夫說：「以卑鄙人為榜樣，那個人不可能有高尚的行為。一個樂於諂媚上司的人，一定是熱衷地位的人。一個對誠實、勇敢、剛強崇敬的人，最終會成為自己羨慕的那種人。」

青少年時期，人們會充滿崇拜別人的激情，這也是他們形成品格的重要時期。這種偶像的作用會隨著年齡的增長而逐漸消退，變成一些具體的言行表達。在容易接受別人影響的可塑階段，讓他們以偉人為榜樣大有裨益。如果不把這些給他們正面薰陶的英雄作為榜樣，也許他們會以一個惡人為自己行為的示範。

崇拜別人的優秀事蹟，是阿爾伯特王子具有的良好品格。別人這樣看待他的品格：「他會為一句名言或是一件好事而歡欣不已，而且還會牢記於心。不管說這些話的人身分如何，他得到的快樂都是一樣的。不管在哪種情況下，他都會選擇做好事。」

詹森博士說：「那些寬厚誠實並且善於發現別人優點而以此為榜樣的人，也會得到別人的認同。」詹森博士的傳記作者包斯威爾，對詹森博士懷有真誠的崇敬之情，他寫的傳記也因此具有其他傳記所不及的閃亮之處。這本書也會讓人們覺得，可以發現詹森博士優秀品格的包斯威爾也有同樣優秀的品格。詹森博士也有讓包斯威爾不滿的地方，為此他可能還會駁斥詹森博士，可是不妨礙他真誠地以詹森博士為榜樣。

在麥考雷的眼中，包斯威爾只是一個讓人討厭的小人物，是一個愛慕虛榮、容易衝動、性格乖張的人。可是在卡萊爾看來，這個傳記作家不是這樣一無是處。他認為：「雖然包斯威爾有許多缺點，可是我們不要因此忘記他的優點。他是一個追求高尚品格的人，有關懷別人的愛心。對於傳統的習俗，他也是報以尊重。他可以寫出《詹森傳》，說明他具有以上品格，這確實是一本好書。在這本書裡，我們可以看到他敏銳的觀察力和優秀的才華。不僅如此，他展現出自己的愛心和兒童般的純真，他也是憑藉這一點，用心靈與眼睛不停地尋找智慧的果實。」

那些喜愛讀書的人與胸懷廣闊的年輕人相比，更喜歡以英雄為自己的偶像。阿倫．坎林漢徒步去愛丁堡的時候，只是一個學徒，處於跟石匠學習手藝的年紀，他的跋涉只是為了看一個人——瓦特．史考特勳爵，他的熱情舉動博得別人的敬佩。對於會在故鄉見到雷諾茲的事情，畫家海頓在許多年以後還是覺得非常自豪。想要去見詹森博士，是詩人羅傑斯童年最大的夢想，他至今依然掛懷此事，還是為沒有敲開博士家的門而後悔。當時，他走到門邊，可是沒有抬手的勇氣。少年時期的艾薩克．迪斯雷利也來到博士家的門前，他勇敢地敲門，可是開門的僕人告訴他一個意外的消息：就在幾個小時以前，這位辭典的編寫者與世長辭。

那些過於計較的人不會真心崇拜別人，也不會崇敬偉大的人物和事業。在卑鄙者的眼裡，那些與他們相近的事物才可以引起他們的興趣。一個慣於奉承的人，只會追求怎樣諂媚別人。做一個流於世俗的平庸之輩，就是一個勢利小人的理想。在奴隸販子的眼裡，一個人的優劣只看他的肌肉是否發達。在幾內亞商人的眼裡，哥佛雷・尼爾勳爵在教皇面前說的兩位偉大人物沒有可取之處。他是這樣說的：「我只知道你們相貌不行，我看不到偉大的地方。你們在我的眼裡，最多價值十個幾尼，不如我販賣的奴隸有價值。」

羅謝弗・古爾德說過一句名言：「我們可以在朋友的災難中學到經驗，只有那些善妒的小人才會落井下石，他們除了自以為是的快感，無法得到任何有用的知識。那些具有不良心態的人無法意識到自己的缺陷，是一件悲慘的事情。」人們看不起那些嘲笑別人的小人，這些小人總是因為別人的成功而苦惱，他們會對別人的成功感到不愉快。面對那些做得比自己好的人，他們不能容忍，只有別人的挫折會讓他們覺得舒服。如果自己不能成功，就要詛咒別人會失敗。

對於競爭對手，刻薄的批評者說：「我不能對這個上帝愛護有加的人表達自己的不滿嗎？」那些心胸狹窄的人都是這樣挑剔和鄙視別人，他們最明顯的人格缺陷就是這種對所有事情都覺得不屑的舉動。

喬治・赫伯特說：「聰明的人如果不犯錯，愚蠢的人會難受得坐立不安。」愚蠢的人不會在聰明的人身上學到有益的經驗。一位德國作家說：「對偉人或是偉大時代過於吹毛求疵的人是可悲的人。」讓我們像博林布魯克那樣懷著寬厚之心，對這些予以評價。博林布魯克這樣評判一個被人們懷疑有缺點的人：「他是一個偉人，他的缺點也難以讓我對他進行指責。」

那些偉人的經歷，就是我們的教科書，以此教育我們如何做人，我們會在書中得到力量和信心。只要意識到偉人存在的人，就算是平庸之輩，也可以在偉人榜樣的作用下，獲得自信和勇氣，那些偉大的同胞們會永遠為我們指明前進的道路。

中國人這樣說：「偉大的先賢會被後人奉為永存的榜樣。向榜樣學習的時候，聰明將會取代愚蠢，勇氣將會代替怯弱。」後人會在傑出前人的引導下，朝著正確的方向前進。「我們會在後人的心中長存，我們是不滅的存在。」

那些偉人留下的名言會成為後世的榜樣，它們會延續不斷地流傳下去，在後人的思想靈魂中生根發芽，讓他們的心靈變得更高尚，生活的道路更平坦。

亨利·馬丁曾經說：「一生沒有留下值得回憶的東西，就是這輩子最難過和最悲慘的事情。那些真正偉大的人，用有意義的生活經歷給後人留下珍貴的遺產，也因此成為後人仿效的榜樣。」

不需要語言的作用，榜樣就可以直接教育人們，它也是最具感染力的教育方式，語言往往不如榜樣的實踐教育那樣有效。人生的旅途有榜樣這盞明燈會更好走，它會在不知不覺中影響我們的習慣。它會一直與我們為伴，並且不斷發掘我們的潛力。沒有好的榜樣為參照，好的建議也會缺少一些力量。那些只用話語教導人們而妄圖讓他們忘記其行為的人，永遠是徒勞無功的。最終，人們會從自己的行動中學習，忽視那些沒有根基的乏力教誨。

家庭教育伴隨我們的一生

百聞不如一見，在年輕人身上，這一點特別明顯。人們依靠眼睛而獲得知識，孩子們樂於模仿自己見到的所有事物。就像擬態的動物一樣，他們會模仿周圍的人以適應這個生活環境。所以對孩子而言，家庭教育對他們的作用最大。一個人的人格會在家庭中耳濡目染形成，這個作用比老師的教育更有效果。每個國家的個性都是由無數個家庭組成，每個人在家庭中養成自己的習慣，家庭影響公眾和私人生活的各個方面。人們的觀點大多是在家庭中形成，那些善行和最仁慈的舉動也是家庭影響的結果。所有的同情都是源自家庭，也是由家庭向外界傳播。慈善活動就是這樣，它們會永遠存在於家庭中。

家庭教育的影響伴隨我們的一生，就算我們進入社會，也無法從中脫離。這種影響會隨著我們逐漸成熟而減弱，我們的人格會在學習和交往中，以榜樣為參照，慢慢形成。

那些溫柔的品格也有影響力，而且作用不小。多蘿西影響自己的哥哥華茲渥斯，而且這種影響是永恆的存在，他總是認為自己的幸福是妹妹給予的。他的妹妹比他小兩歲，具有溫柔的性格，他的心靈受到這種性格的影響，進而走向詩人的旅途。「我因為她而變得耳聰目明，是她在細心照顧我。我的內心因為她而牽腸掛肚，裡面都是愛。」這個事例證明，一個人的人格形成，也會受到溫柔性格的影響。

對於自己品格的形成，威廉·納皮爾勳爵認為這是自己母親的功勞。在他還是孩子的時候，他的母親在家中的行為舉止，他全部看在眼裡，在自己的心中留下永恆的印跡。他的品格也受到他的上司約翰·摩爾勳爵的影響，摩爾勳爵使他變得自立，成為一個真正的人。

摩爾勳爵在瞭解他的品格以後說：「少校，你是一個優秀的人。」在給母親的信中，他這樣提到摩爾勳爵：「他被追隨者簇擁著，我在其他地方難以見到這樣優秀的領導者。」他的心中都是對摩爾勳爵的崇敬之情。

一個很小的行為，也會對一個人產生影響，還會滲透到他的生活中，對他的品格形成產生好的作用或是壞的影響。父母在日常生活中的行為舉止成為孩子們的榜樣，他們用行動教導孩子們慈愛、堅持、勤勞、自制。這些東西比語言更有力量，它們會深深印在孩子們的腦海裡。

聰明人會說，自己的孩子是未來的自己。那些父母無意之間的行為，也會在孩子們的性格上留下不可磨滅的痕跡。父母的邪惡思想不會傳承給孩子們，可以影響孩子們的只有他們的行為，孩子們會因為他們不檢點的行為在性格中留下缺憾。就算一件事情看起來很小，可是對一個人產生的影響非常巨大。

韋斯特說：「我之所以成為一個畫家，那是由於我母親的一個吻。」這件小事決定他的人生道路。一個人的幸福與成功，可能是一件小事引起的。在人生的關鍵時刻，湯瑪斯・巴克斯頓在給母親的信中寫道：「你小時候對我的影響，我隨時可以感覺到。看到別人努力的時候，這種感覺特別強烈。」對於那個沒有多少學問的獵場管理員亞伯拉罕・普拉斯托，他也抱持感激的情感。他與那個管理員相處很久，他們會在獵場一起打獵，那個管理員沒有學問，卻是一個具有美好情操的智者。

巴克斯頓說：「誠實與尊貴的美德，是他擁有的特別價值。在我的母親面前，他做的都是讓我的母親感到滿意的事情，他是一個忠誠的人。在我們這些年輕人眼裡，他是一個純潔和灑脫的人，就像塞內卡和西塞羅作品中的人物一樣。他是我的第一位老師，也是我最好的一位老師。」

對於母親的榜樣作用，蘭德爾爵士總是記憶猶新。他回憶：「如果把我的母親拿出來與沒有她的世界比較，我的母親在我看來，會顯得非常偉大。」在年老的時候，西梅爾·帕靈克總會回想自己受到母親的影響，走完大半人生。進入母親的房間，她會加大聲音說話，在這裡變得無拘無束，也讓自己變得更純潔。「我在母親的面前會變成另一個人，一個與生活中的我不同的人。」她這樣說。

一個人的生活氛圍，決定自己擁有的道德；孩子們將來的發展，深受父母的影響。想要教育孩子，父母唯一的方法就是提升自身的品格。

目標確定，就要全心地投入

從前，奴隸就像商品，可以買賣。經過多年的鬥爭，奴隸貿易終於被禁止。可是英國仍然沒有廢除奴隸制度，還需要長期的努力。在很多英勇人士的領導下，終於戰勝邪惡的一方，廢除奴隸制度。有一位傑出的領導者，名字叫做湯瑪斯・巴克斯頓。當時，他在下議院工作。小時候，他脾氣暴躁、任性，而且很笨。在他還沒有記憶的時候，他的父親就去世了。他的母親很偉大，不僅無微不至地照顧他，而且幫助他改掉壞脾氣。在母親的教導下，他越來越懂事，而且很有主見。他的母親認為，孩子小時候任性不是一件壞事，只要正確引導孩子，這種任性可以轉化為勇敢而堅強的品格。有時候，鄰居們也會給他的母親一些建議，應該嚴格管教孩子。他的母親總是一笑置之，因為在她的心中，孩子的這個缺點根本不算什麼。她相信透過自己的引導，兒子總有一天會成為一個優秀的人。

巴克斯頓已經到了上學的年齡，可是他在學校裡什麼也不學，總是要同學幫自己寫作業。在別人的眼裡，他就是一個笨蛋。十五歲那年，他被學校退學了。那個時候，他已經是一個大男孩，長得又高又壯，看起來呆頭呆腦。他不喜歡學習，只對騎馬和划船或是野外運動感興趣。獵場管理員很聰明，雖然他不識字，可是非常細心，很有耐心地觀察周圍的人們和環境。巴克斯頓經常和他在一起，接觸的時間長了，獵場管理員發現他是一個很好的孩子，只是缺乏知識，只要對他進行引導和訓練，將來一定有所作為。十五歲的少年，性格正好處於可以塑造的時期。

格尼一家在當地很有名，他們很有學識，而且很善良，經常幫助那些貧困的人。巴克斯頓也得到他們的幫助，對於年少的他來說，是一件非常幸運的事情。格尼一家讓他重拾信心，鼓勵他學習知識。後來，他以優異的成績進入都柏林大學，並且順利地拿到學位。巴克斯頓說：「我的這些成就和格尼一家有很大的關係，如果沒有他們的鼓勵和幫助，我不可能走到今天。我一定會把自己的榮譽和成績給他們看，讓他們也為我自豪。」

畢業以後，巴克斯頓來到倫敦，他的舅舅是一家釀酒廠的老闆，他被安排在工廠裡工作。

後來，他娶了格尼家的女兒。他的任性，不僅沒有阻礙自己的發展，反而因此結交很多朋友。他每天精神抖擻，工作的時候不知道累。他的身材高大，同事們給他取一個綽號——大象巴克斯頓。不管做什麼事情，他都會全心地投入，這種精神很可貴。他曾經這樣說自己：「我是一個永遠累不垮的人，做事的時候非常專注。讓我先釀一個小時的酒，再做一個小時的算術題目，最後再玩一個小時的射擊，我也不會頭暈眼花。」

巴克斯頓不僅有充沛的體力，而且有堅強的毅力。不管是小事還是大事，他的這種精神都可以表現出來。後來，他成為釀酒廠的股東，變得非常忙碌。工廠裡的每件事情，他都要親自處理，工廠的效益越來越好。但是他不滿足於眼前的成功，下班回家以後還會繼續學習，並且認真閱讀布蘭科斯多和蒙特斯奇對英國法律的經典評論。**他對自己要求很高，一是看書絕對不能半途而廢；二是不能讀完一遍就可以，而是要掌握書中的知識；三是在讀書的時候，一定要認真思考。**

巴克斯頓在三十二歲的時候進入議會，並且擔任一個重要的職位。這個職位只有最聰明、最忠誠、最善良的人才可以擔任，他被選中了。從此以後，他就是一位尊貴的紳士。他對廢除英國殖民地奴隸制度非常感興趣，把所有的精力和時間投入這項事業中。在妻子漢娜的影響下，他一直堅持這項事業。

漢娜出生在一個顯赫的家庭，她的祖輩都是伯爵。她很善良也很聰明，是一位優秀的女士，因為在她的身上有很多高貴的品格。她即將去世的時候，曾經把巴克斯頓叫到面前，囑咐他要為廢除奴隸制度做出貢獻。她生前一直為這項事業努力，可是她去世的時候，奴隸制度還沒有廢除，只能把自己的願望託付給巴克斯頓。她臨終之前對他說的話，他永遠不會忘記。為了紀念她，他把自己的一個女兒取名為普里斯拉。一八三四年八月一日，黑人農奴解放了，就在那天，他的女兒出嫁了。巴克斯頓寫了一封信給朋友，信上這樣寫著：「我們成功了，我的女兒普里斯拉出嫁了。漢娜的願望實現了，她會安息的。從此以後，英國殖民地再也沒有奴隸。」

巴克斯頓是一位有智慧的領導者，憑藉自己的正直、認真、堅定，他獲得成功。他不是一位天才，是自己的付出換取今天的成就。他的高貴品格影響每個人，他曾經這樣說：「偉人和平民沒有什麼不同，強者和弱者也沒有什麼不同。關鍵是：偉人和強者有堅強的意志力，有充沛的體力，他們如果確定目標，就會全心地投入。如果那些平民和弱者具備這種品格，同樣可以取得成功。如果他們不具備這種品格，即使擁有天賦和條件，恐怕也不可能成為一個偉大的領袖。」

第3章

雖然我不是天才，可是我非常勤奮

曾幾何時，我們發現小聰明變得越來越沒有用，那些懶惰而不喜歡勞動的人，無法得到真正的幸福；那些可以取得非凡成就的人，都是非常勤奮的。

只有勞動的人，才可以享受生活

人們最好的啟蒙老師是勞動，在勞動的過程中，人們可以獲得知識，認識新奇的事物，並且創造新的東西。人們在勞動中，學會遵守紀律，學會自我控制，在這樣的過程中，形成一個基本的社會道德規範。只有透過不斷的勞動和努力，人們才可以掌握最基本的日常生活需要的本領，或是掌握一門生存的技能，不勞動的人很難有持之以恆的毅力。

勞動造就人類，人類就是透過勞動不斷進化而成，勞動也是人類特有的一種本能。人類在勞動的過程中，透過不斷地創造，推動人類社會向前發展。想要生存就要勞動，這是一個真理，或是說：只有勞動的人，才可以享受生活，才可以理解真正的人生。勞動讓人覺得快樂，勞動創造美好生活。

有些人認為勞動很辛苦，認為自己去勞動很低賤，但是他們不知道勞動是光榮的，沒有人勞動就不會有這個社會。勞動展現人類的偉大和文明，有勞動才有人類生活的一切。人類文明來自於勞動，如果人類不勞動，這個世界很快就會毀滅。

勞動是幸福的泉源，懶惰是禍害的根源。有時候，人們會變得懶惰，懶惰的人就像生鏽的鐵一樣，慢慢地被腐蝕。懶惰不可小視，它甚至可以毀掉一個民族。

亞歷山大率軍打敗波斯帝國，他在波斯看到這個民族的人如何生活。他發現波斯人不參加勞動，生活很腐化，所有人都在思考如何享樂。亞歷山大感慨地說：「懶惰和貪圖享受是最大的損害，難道還有什麼東西比這兩個損害更大嗎？」辛勤勞動是人類最高尚的行為，懶惰甚至可以使一個民族滅亡。

古羅馬皇帝塞維魯斯征戰一生，曾經率領軍隊攻佔美索不達米亞和不列顛。他即將去世的時候，聽到有人報告，駐守在格蘭地區的陸軍部隊不守紀律。他的心裡很不安，決定透過處理這件事情，向這個軍團施加壓力，警告他們隨時記住紀律的重要性。最後，塞維魯斯給士兵們的命令是——絕對不能放棄勞動！只有辛勤勞動，才可以讓羅馬軍隊生機蓬勃。

人類社會剛產生的時候，最普通的農業活動也有某種特殊的社會意義。從事不同的農業活動，代表人們的不同身分，古代的義大利就是如此。古羅馬著名的歷史學家普林尼在自己的著作中有這樣的記述：各種農業活動代表不同的社會地位，所以一個人做什麼樣的農業活動，不是隨便決定的。對於凱旋的將軍，還有那些隨同將軍出征的士兵來說，如果被安排去耕種，他們會覺得那是很大的賞賜。

將軍們在農夫們的指導下參加田間勞動，看到犁頭耕出一壟一壟田地的時候，也會感到非常高興。但是後來奴隸被統治者肆意使用和虐待，於是人們逐漸認為：勞動，尤其是繁重的體力勞動，是下等人的工作，甚至覺得這是很丟臉的行為。羅馬統治階級開始變得懶惰與奢靡以後，他們距離滅亡的日子也越來越近了。

聰明人會被懶惰打倒

懶惰是人類很難抵制的壞習慣。

有一個外國人，遊歷世界各地，知道世界上幾乎所有國家和地區的生活方式。有人問他各個民族之間最大的共同性，或是最大的特點是什麼。

這個外國人用蹩腳的英語說：「人類最大的特點，就是懶惰而不喜歡勞動。」

懶惰者好逸惡勞，不思進取。

從古至今，懶惰受到許多人的批評。因為個人也好，民族也好，懶惰都會讓其走上毀滅的道路。懶惰讓人們失去奮鬥的勇氣，所以天生懶惰的人，絕對不可能在社會上成功，只有那些辛勤勞動的人才會成功。被懶惰控制的人，只會感嘆上帝對自己不公平，實際上是自己不努力。他們每天只知道閒逛，什麼事情也不做，對社會沒有任何用處。

伯頓是英國的聖公會牧師，也是一位學者和作家，寫了《憂鬱的解剖》一書。書中，伯頓有許多獨到而精闢的觀點，內容雖然有些深奧，但是十分有趣。詹森博士說，只有這本書可以讓他每天提前兩個小時起床，然後讀這本書。這本書裡有這樣的話：懶惰不僅對身體健康有害，還會讓人精神不振，最終一事無成。

伯頓說：「懶惰是萬惡之源，它會助長邪惡的滋生。在基督教七原罪中，懶惰就是其中之一，它是惡棍們為惡的根源。」

「人們會唾棄一隻懶惰的狗，一個懶惰的人，不要指望別人正眼看他。懶惰是非常嚴重的壞習慣，聰明人如果有懶惰的壞習慣是非常不幸的，他們最終會被懶惰打倒，成為製造惡行的人。懶惰控制他們的思想，在他們的心中，勞動和勤勞沒有一席之地。此時，他們的內心就像是垃圾場，那些邪惡和骯髒的想法，會像各種寄生蟲和細菌一樣瘋狂地生長，讓他們的心靈和思想變得邪惡。」

他接著說：「因此，我們可以做出這樣的總結：不管是男人還是女人，如果讓懶惰控制自己，自己的欲望永遠無法得到滿足。他們不會有忠誠的朋友，不會有真正的幸福，不會有快樂的人生。他們的某個願望滿足的時候，因為自己的懶惰，就會有更多的欲望。他們總是感到煩悶，總是感到無法滿足，總是仇視所有美好的事物。他們活在鏡花水月般的虛幻和悲傷中，永遠無法看到光明，有時候甚至有趕快離開這個世界的悲觀想法。」

《憂鬱的解剖》的最後一段話，也是這本書最精華之處的集中表現：「絕對不能讓自己的懶惰以及由此而生出的消極思想佔據自己的大腦，我們必須記住這一點，而且不管什麼時候，都要嚴格地遵循。只有這樣，才可以擁有真正的幸福和快樂。如果沒有遵循這一點，我們就會一蹶不振，走上邪惡的道路。切記：無論何時，懶惰都是不可取的。」

有些人四處閒晃，每天無事可做，也不想做事，因為他們懶惰。但是不代表他們沒有動腦，有時候他們的頭腦轉得很快，他們在想什麼？他們在想，如何才可以得到別人的勞動成果，如何才可以不勞而獲，如何才可以得到不屬於自己的財物？肥沃的田地裡，如果稻苗長得不茂盛，裡面一定有很多雜草，被雜草充滿的田地裡，怎麼可能長出好的稻苗？那些想要不勞而獲的人，頭腦裡有很多「邪門歪道的想法」。在光天化日之下，懶惰這個惡魔不敢出現，但是在那些已經被懶惰佔據頭腦的人心中，懶惰有用武之地：「我們是惡魔，是正義之神派來的，專門折磨你們這些懶惰又碌碌無為的人。」

那些精神麻木而不願意勞動的人，沒有真正的幸福。只有付出自己的努力，才可以得到幸福。勞動會讓人們感到不適，但是它絕對不會像懶惰一樣，使人們的精神墮落下去。

一位長者認為，勞動是治療人類疾病最好的良藥。

馬歇爾·霍爾博士說：「什麼都不做，每天四處閒晃，是讓人感到最無聊的事情。」

美因茲的一位大主教認為：「人類的身體就像是一個磨盤。很多人都知道磨盤，如果把麥子放進磨盤裡，磨盤轉動以後，就會把麥子磨成麵粉。如果我們不放麥子進去，磨盤一樣會轉，但是什麼也磨不出。」

不想工作的人，他們缺少責任感，會用各種藉口：

「前面的路上有野獸。」

「這座山很高，無法爬上去！」

「不要試了，我試過很多次，沒有一次是成功的。」

對於上述類似的各種藉口，塞繆爾・羅米利曾經在給一個年輕人的信中這樣批駁：「我要非常嚴肅地說，這只是因為你的懶惰，而不是你做不到，不要找那些『自己很忙』這樣的理由，那只是一種藉口，誰都可以做好自己可以做的事情。『自己很忙』成為一些懶惰之人經常用的藉口，如果沒有做好，他們會說自己沒有能力做這件事情。這樣的藉口還有——寫不出文章，有些人會說：『不是我不願意寫，是我沒有寫文章的能力。』不想做某個工作或任務，就說自己做不到，你的藉口就是自己無法勝任這項任務。」

以上就是某些人的做事方法和習慣，其實這就是懶惰，如果每個人都是這麼想，這個世界就不會發展，只會原地踏步。

辛勤付出，才可以收穫甘甜

每個人都知道，牛頓是一位偉大的發明家，他的勤奮與聰明換來豐厚的果實。有些人想要知道他是如何做到這些，他總是謙虛地回答：「因為我對它們很好奇，所以我會認真思考。」但是有一次，他這樣說：「不是用頭腦簡單地思考就可以。我思考問題的時候，就會完全沉浸在那個問題中，幾乎忘記睡覺。」透過這個例子，我們可以很明顯地看出，只有堅持不懈地努力，才可以走向成功。對於發明家來說，研究自己感興趣的課題，是一件非常享受的事情。

班特利教授也是一位偉大的哲學家，他在自傳中這樣說：「我想要為人們做一些事情，所以要不斷地努力思考。」天文學家克卜勒這樣評價自己的研究成果：「我相信只有不斷地思考，才可以深入瞭解自己研究的課題，而且在思考的過程中，我會用盡全部的精力。」不瞭解他們的人會認為，這些偉人是天才，他們的智慧無人能及。可是他們的成就不是依靠自己的聰慧不勞而獲，他們不僅具有堅強的毅力，而且非常勤奮。

伏爾泰曾經說：「普通人和天才沒有差別。」貝卡里亞也說過類似的話：「即使再普通的人，也可以成為著名的詩人或是演說家。」法國印象派著名畫家和雕刻家雷諾瓦說：「不管一個人多麼普通，也可以成為著名的畫家或是雕刻家。」這些話有一定的道理，可是有多少人可以做到？他們仍然碌碌無為地度過自己的一生。洛克、愛爾維修、狄德羅有相同的觀點，他們認為根本不存在天才，所有人都是一樣聰明，都可以成為一個偉大的人。卡諾瓦去世以後，有人問他的哥哥，要不要繼續從事他沒有完成的事業。這個例子說明，每個人都是一樣的，不可能一個人可以做某件事情，但是另一個人不可以做。有些人研究人們的智慧，如果人們有理想，而且有強烈實現這個理想的願望，在同樣的條件下，偉人可以做到的事情，普通人也可以做到。我們都知道，即使再聰明的人也要透過努力才可以走向成功。牛頓、莎士比亞、貝多芬、米開朗基羅，他們不僅擁有過人的智慧，而且非常勤奮，所以他們取得今天的成就。

道爾頓是一位聰明的化學家，曾經有人稱他為天才。對於這種稱呼，他非常反感，並且批判這種稱呼，因為他認為自己的成就是透過不懈的努力得來的。約翰·亨特曾經評價自己：

「只有人們辛勤地付出，才可以得到甘甜的果實。我的頭腦跟蜂窩煤一樣，很有規律。」

從以上的例子我們可以看出，那些著名的發明家、藝術家、思想家，他們認為自己可以成功，最主要的原因是自己的勤奮和堅持。他們透過自己的努力，創造偉大的成就。迪斯雷利認為，透徹分析課題才有可能研究成功，但是只有透過勤奮地思考，才可以透徹分析課題。

那些偉大的人，不一定是天才，他們只是普通人，因為自己的勤奮，才可以取得今天的成就。他們之中的大多數人，在自己的職位上孜孜不倦，沒有超凡的智慧和令人羨慕的天賦。有一個寡婦，帶著自己的兒子一起生活，她的兒子從小聰明調皮，總是不用功讀書。她感嘆自己的兒子雖然有天賦，可是不勤奮就無法成功。一個反應遲鈍的人，雖然沒有驚人的天賦，但是只要願意努力，就可以超越具備天賦但是不努力的人。有一句話這樣說：「走路慢的人，往往可以走得更遠。」

一定要不斷地學習，只有這樣，程度和能力才會得到提升，工作也會更有效率。很多事情，第一次看到它的時候可能覺得很困難，可是如果你做了並且完成了，就會覺得這件事情很容易。

每個人都知道熟能生巧，所以在做事的時候，要不厭其煩地重複去做，熟練掌握以後，這件事情就會變得簡單。我們可以完成很多事情，關鍵是：是否努力去做。

勞勃・皮爾很小的時候就養成一個好習慣：每天很早起床，而且不管做什麼事情，總是喜歡重複去做。他的這種習慣，為他成為一位下議院議員奠定基礎。實際上，每個人都可以養成這種習慣，可是有多少人這樣做？

他小時候住在德雷頓莊園，每天吃飯的時候，他的父親會讓他隨意說一些東西，他都會說自己在週末去教堂聽到的佈道。剛開始的時候，他不是很熟練，總是說得斷斷續續。經過每天這樣練習，他對於佈道的內容越來越熟悉，最後竟然可以把整篇佈道全部複述出來。後來，議會反對派提出一些質疑，要求每個人都要回答，在所有人的回答中，他表現得最好。

一件很普通的事情，只要堅持去做，也可以影響人們的一生。

有一個人問賈爾迪尼，想要把小提琴拉好，需要練習多久時間。

他回答：「必須要長期堅持。每天練習十二個小時，要練習二十年。」

可以看出，沒有辛勤的付出，就不會有收穫。

一個演員想要贏得人們的讚美和尊重，必須透過一個角色來鍛鍊自己，並且要一直演，堅持很多年才可以。塔里奧尼每天受到父親兩個小時的訓練，訓練完畢以後，總是渾身酸痛，連走路的力氣也沒有，可是她必須要洗澡，然後脫下衣服睡覺，這是她多年養成的習慣。透過這種嚴格的訓練，她終於取得偉大的成就。晚上，她會把自己練習多年的本領展示出來，演出完畢以後，人們總是熱烈歡呼，掌聲此起彼落。如果沒有之前的艱辛，就沒有後來的成就。

優秀的藝術和勤奮有很大的關係

英國國王的御用畫師雷諾茲認為，優秀的藝術和勤奮有很大的關係。如果一個人不勤奮，即使他對藝術很有天賦或是很有創造力，也不可能取得成功。他曾經寫一封信給詹姆斯·巴里，信上說：「如果一個人想要在繪畫方面有所成就，就要從早上睜開眼睛以後開始想像要畫的對象，直到晚上睡覺。只有這樣，才可以在繪畫方面有所成就。當然，其他的藝術也是同樣的道理。」

想要在藝術方面有所成就確實不容易，不管多麼枯燥，必須從早到晚一直堅持。我們一直在強調勤奮和堅持，只要做到這兩點就可以成功，實際上這句話不準確。一個人想要追求藝術，想要在藝術方面有所成就，還要具備天賦。這裡所說的天賦可以後天培養，從小開始藝術薰陶，時間長了，藝術天賦就會更完善。

想要成為一位偉大的藝術家，必須可以忍受貧窮，不管遇到什麼困難都可以克服。關於這個方面的例子有很多：克勞德・洛蘭曾經做過糕點師，丁托列托曾經做過染工，卡拉瓦喬曾以磨顏料為生，另一位卡拉瓦喬在梵蒂岡做過泥瓦匠，喬托是一個農村的窮孩子，辛加羅是一個沒有工作的流浪漢，更有甚者，卡維多尼曾經和父親一起行乞多年。這樣的名人數不勝數，艱苦的條件沒有將他們擊敗，他們最終憑藉自己的努力獲得成功，成為令人羨慕的藝術家。

英國的藝術家也是一樣，他們從小過著貧困的生活，他們的父親都是普通的工人。麥克里斯的父親在科克的一家銀行裡做學徒，薪水少得可憐。傑克遜和巴里的父親都是水手，庚斯博羅和培根的父親為別人剪裁衣服來養活家人，歐佩、羅姆尼、伊尼戈・瓊斯的父親外出為別人做木匠工作，雷諾茲、威爾遜、威爾基的父親都是牧師。勞倫斯的父親開了一家酒吧，特納的父親在一家理髮店做理髮師。諾斯科特的父親是一個攤販，專門為別人修理鐘錶，韋斯特的父親在費城一家農場做管理員。

除此之外，有幾位畫家的家境讓人覺得很好，因為他們的父親也是從事藝術工作。實際上加以瞭解就會知道，他們的父親只是做一些與藝術相關的工作，地位不高。伯德的父親是一個盤子雕花工，馬丁、萊特、吉爾平的父親都是油漆工，錢特里的父親是一個鍍金工，斐拉克曼的父親為了養家糊口賣石膏模型，大衛·考克斯、斯坦菲爾德、羅伯特的父親偶爾會畫一些風景畫拿出去賣。

這些人在追求藝術的時候非常勤奮，他們的成就不是偶然的結果。為了追求藝術，他們過著貧苦的生活，甚至一輩子窮困潦倒，只有少數幾個後來賺了一些錢。如果藝術家從事藝術工作只是為了賺錢，他們就不會再堅持努力，也不可能達到藝術的最高境界。

對於真正的藝術家，金錢是身外之物，是依靠運氣獲得的，最主要的是：體會藝術帶給自己的快樂。而且藝術家很有個性，不會因為別人的目光而改變自己的決定。從斯帕尼奧萊托身上，我們可以看到這一點。他的運氣很好，成為一個很有錢的人，可是他害怕金錢影響自己的藝術，決定捨棄這些財富，專心追求自己的藝術，後來又過著貧困的生活。

米開朗基羅也是一位著名的畫家，曾經有人問他，如何看待用藝術換取金錢的做法。他堅決地回答：「如果一個人為了金錢而作畫，他的藝術已經走到盡頭，也許會更糟糕。」

一個人想要成功，必須付出勤奮的努力。對於這一點，米開朗基羅和雷諾茲的看法相同。

米開朗基羅說：「只要不怕吃苦，願意努力，就可以把想像出來的東西刻在大理石上。」他在生活中養成工作的好習慣，所以只要工作的時候，根本不知道累，而且非常興奮。他的工作量很大，每天比一般人多工作幾個小時，工作的時候幾乎廢寢忘食，幾塊麵包和一瓶葡萄酒就是他一天的食物。他經常半夜起來雕刻，把蠟燭黏在自己的帽簷上照明，想要睡覺的時候，根本不脫衣服，直接躺下睡覺，醒來以後繼續工作。有一個學識淵博的老人告訴他，只有學習才可以進步，他把這句話刻在沙漏上以提醒自己。

有一位威尼斯貴族請一個雕刻家按照自己的上半身雕刻塑像，十天以後，雕刻家就完成了。準備付錢的時候，威尼斯貴族說：「你只是工作十天而已，就要收取五十個金幣，太過分了吧？」

雕刻家不疾不徐地說：「你只是看到眼前的工作。知道我為什麼十天就可以完成這個上半身的雕像嗎？因為我學了三十年的雕刻技術。」

多梅尼基諾曾經被客戶責備，他與客戶約定取畫的時間，可是那天客戶來了，他還沒有完成，客戶就開始抱怨。他沒有生氣，而是平和地說：「從你預訂到現在，我一直在畫。」

奧古斯都·卡考特也是一位著名的畫家，工作的時候努力刻苦，畫了四十張草圖以後，終於完成畫作《羅徹斯特》。

從這個例子我們不難看出，藝術家想要創作出驚人的作品，一定要反覆練習。人生也是一樣，只有反覆練習，才可以走向成功。

勤奮是天賦的催化劑

藝術之路艱難而漫長，追求藝術的人必須做好吃苦的準備，具有藝術天賦的人也是一樣，因為這與天賦無關。有些孩子從小就表現出藝術的天賦，如果沒有正確引導或是努力練習，長大以後仍然不會取得成就。

韋斯特就是一個很好的例子。在他七歲那年的一天，他的姐姐有事，請他幫忙照顧孩子。孩子乖乖地睡在搖籃中，韋斯特認真欣賞這個熟睡的孩子。突然，他跑進屋裡拿出紙和筆，給熟睡的孩子畫了一張像。從這幅畫來看，韋斯特具有極高的繪畫天賦。從此之後，他看到什麼就畫什麼，而且畫得非常像，成為遠近聞名的畫家。雖然他具有極高的繪畫天賦，可是他沒有經歷挫折，也沒有努力練習或是虛心學習，導致他的藝術之路無法長久。如果他沒有那麼早出名，或許可以成為一位偉大的畫家。

理查・威爾遜和韋斯特一樣，從小就表現出繪畫的天賦。他小時候很喜歡拿著燒過的棍子在牆上畫，有時候畫動物的頭像，有時候畫人們的頭像，因為他很喜歡畫肖像。

威爾遜為了拜訪祖卡雷利，特地來到義大利。可是祖卡雷利正好出門了，他就在那裡等著。等了很長時間，祖卡雷利仍然沒有回來，他有些不耐煩。為了打發時間，他在朋友的房間裡描繪風景。他的注意力非常集中，完全不知道祖卡雷利的到來。

祖卡雷利問他：「你學過風景畫嗎？」

「沒有學過。」

「我認為，你最好去學習。你很有天賦，一定會成功。」

威爾遜聽取祖卡雷利的建議，開始學習風景畫。經過長年累月的練習，他成為英國一位最有聲望的風景畫家。

雷諾茲也是從小癡迷畫畫，他的父親希望他長大以後成為一位醫生，所以每次看到他畫畫，他的父親就會訓斥他。但是他具有堅強的意志，只要自己決定的事情，任何人都無法改變，後來他成為一位畫家。

庚斯博羅也不簡單，他經常到樹林裡畫畫，只要他看過的東西，就可以完整地畫下來。在他十二歲那年，已經成為一位眾人羨慕的畫家。類似的例子還有很多：威廉・布萊克，他的父親是做生意的，主要是賣襪子。他經常到店裡玩，總是趁人們不注意的時候，把會計的背影畫在收帳台上。

愛德華・伯德，他在三歲的時候爬到凳子上，把他心目中的法國和英國的士兵畫在牆上。他的父親希望他長大以後成為一位會計，可是看到他如此熱愛畫畫就不再強迫他，並且送給他一支水彩筆。為了培養他，他的父親把他送到茶盤製造商那裡做學徒。他非常刻苦，精心雕刻茶盤上的花式。後來，他考上皇家學院，他的父親很欣慰。

賀加斯小時候很喜歡畫畫，但是他很討厭學習，成績一直很差，同學們總是嘲笑他，但是他的畫作在同學之間是最棒的。他的父親認識一位銀匠，就把他送到那裡做學徒。他在那裡非常刻苦，不僅學會繪畫也學會雕刻，而且雕刻技術精湛，可以在勺子和刀叉上雕刻螺紋和號碼。後來，他學習在銅器上雕刻怪獸。對於這個時候的他來說，畫出人物的肖像不是一件難事。

正是由於賀加斯的努力和細心，才可以獲得驚人的成就，後天的努力是他走向成功的秘訣。他非常善於觀察，如果遇到哪個人長得很有特點或是表情十分獨特，就會深深地刻在腦海裡，回家以後把他們畫出來。有時候，他也會看到非常奇特的東西，為了可以更精確地把它們畫出來，他會立刻描繪在大拇指的指甲上，回家以後把它們畫出來。

賀加斯對那些古怪的東西很有興趣，為了尋求這些東西，他去過很多偏遠的地方。每到一個地方，他就會細心觀察，看到的東西多了，知識也變得更豐富。回來以後，不管他畫什麼都很有靈感，作品也是層出不窮。他不僅觀察力強，記憶力也很好，可以把看到的東西清晰地畫出來，而且非常像。

賀加斯認為，大自然才是最好的老師。實際上，他沒有讀過幾年書，教育程度不高，但是他的修養比那些文人還要高。在他上學的時候，幾乎沒有學到什麼東西，字也寫得非常難看，他後來的成就完全是他自己學習得來的。他的性格非常樂觀，之前幾年，他的生活非常貧困，但是他從來沒有感到憂傷。即使再貧窮，他也會把生活安排得很有條理。他戰勝所有困難，過著富裕的生活。

但是他經常回憶當年貧困的生活，他很感謝這段生活，正是這段困苦的生活，鑄成他今天的成功。他曾經這樣描述以前的生活：「那個時候實在是太窮了，我身無分文，在大街上遊蕩。如果我有十幾元，就會自信地跑回家，拿著佩劍，瀟灑地出發，不知道的人還以為我有幾千元。」

勤奮與堅持，可以幫助你成就夢想

班克斯是一位著名的雕刻家，他的勤奮決定他的成就。他也會教育身邊的人，不管做什麼事情，一定要勤奮。他非常善良，經常幫助一些貧困的人。有些具有上進心的年輕人會去找他，希望可以得到他的指點。

有一個男孩很喜歡畫畫，想要得到班克斯的指點，於是拿著自己的畫去找他。班克斯家裡的僕人聽到門外有人大聲喊叫，立刻出去狠狠地責罵男孩，並且準備趕走他。這個時候，班克斯聽到門外的爭執，出來看個究竟。他看到男孩手裡拿著一些畫，可憐地站在那裡。他親切地說：「孩子，需要我幫忙嗎？」

「先生，我想要去皇家學院學習繪畫，你可以讓他們接受我嗎？」

「我無法決定這件事情，但是可以先讓我看看你的畫。」

班克斯接過男孩的畫，仔細地看著。他對男孩說：「孩子，你的畫確實不簡單。你現在回去努力練習，畫出一幅更好的畫，一個月以後再來找我。請相信我，過不了多久，你就可以進入皇家學院學習。」

男孩聽了班克斯的話，回家以後努力練習，一個月以後，他帶著一幅更好的畫來找班克斯。班克斯對他有些冷漠，看了他的畫以後，要他回去繼續努力練習。男孩沒有失去信心，過了一個星期，他又來找班克斯。班克斯發現男孩進步很快，對他說：「你將來一定可以成為著名的畫家，但是還要繼續努力。」男孩聽了班克斯的話，非常高興。後來，男孩如願以償地進入皇家學院，他就是著名的畫家蒙拉迪。

克勞德．洛蘭和班克斯一樣，透過勤奮的努力獲得傲人的成績。他出生在洛林的沙馬尼，家裡很窮，父母都是農民。剛開始，他在一家糕點店做學徒，後來不想做了。他的哥哥是做木雕生意的，自己開了一個店鋪，他就在哥哥那裡學習木雕。他很有天分，比別人雕刻的東西更逼真。有一位旅遊的商人來店裡買木雕，發現他精湛的手藝。商人建議他去義大利發展，他的哥哥也同意了。

羅馬有一位著名的風景畫家，名字叫做阿戈斯蒂諾・塔西。洛蘭來到羅馬以後，成為他的學徒。這是他第一次接觸到風景畫，他開始慢慢學習，也畫了很多風景畫。他不安於一直待在這裡，去了很多地方，例如：法國、德國……錢不多的時候，他就會停下來畫幾幅風景畫。他再次回到羅馬的時候發現，有很多人喜歡他的畫。過了不久，他在全歐洲都很有名。

由於他的勤奮和堅持，才可以把風景畫畫得那麼好。後來，他花費很多時間，學習畫樹木、葉子、建築、地面等景物。在學習的時候，他非常細心而且刻苦。為了提供以後創作參考，他把自己的畫全部收藏起來。有很長時間，他非常癡迷於天空，每天觀察太陽光線的變化和雲彩的流動。他不僅勤奮而且執著，再加上刻苦的練習，風景畫家的稱號非他莫屬。

特納也是非常勤奮，所以取得驚人的成就。他的父親是一個理髮師，所以希望他長大以後也成為理髮師。可是他很喜歡畫畫，有一次在父親的店裡，他畫了一個盾形紋章的圖案。他的父親正在給一個客人刮鬍子，這個客人無意之間看到這個圖案，感到非常驚訝。當時，這個客人決定收他為徒，他的父親也同意了。從此以後，特納就跟著這個客人學習繪畫。

在學習的過程中，他非常刻苦，可是他的家庭不富裕，因此他失去很多機會。不管遇到什麼困難，他從來不會退縮。在他最困難的時候，一天要做很多工作，只要賺到錢，他就會繼續學習繪畫。為了度日，他也擔任其他畫家的助手。

無奈之下，他給那些便宜的書籍畫封面，例如：指導手冊、日曆。他非常樂觀，認為現在的工作是對自己最好的訓練。不管做什麼事情，他都會認真對待，而且非常細心，從來不會因為別人給的錢少而不認真工作。即使工作再辛苦，他也不會放棄學習和繪畫。他對自己要求非常嚴格，第二幅畫一定要比第一幅畫更好。這也是他的原則，所以他畫得越來越好。他相信有一天自己一定會成功。羅斯金曾經這樣評價特納：「他是一位很有實力的畫家，他的未來不可估量，只要他願意努力，他的程度就會不斷提升。」特納為自己成立一個美術館，裡面擺放他的珍貴作品。他把這個美術館獻給國家，這樣一來，那些愛好者就可以過來參觀，他也會永遠被人們銘記在心中。

無論是作畫，還是做其他事情，一個人如果不勤奮不堅持，他的夢想很難實現。

藝術追求者的勤奮之旅

每個人應該都知道，當時的羅馬是藝術的聖地，著名的藝術家大多居住在那裡，那些愛好藝術的青年期盼來到這片土地上。學習藝術的年輕人生活很窘迫，去羅馬的路費也很貴，但是只要他們有決心，就可以實現自己的願望。當時，弗蘭科伊斯·畢雷也是熱愛藝術的青年中的一員，他是法國的一位畫家，也期盼來到羅馬。為了存到路費，他做過很多工作，甚至為盲人做嚮導。後來，他終於來到羅馬。在那裡，他刻苦學習並且取得成就，很多人都知道他。

雅克·卡洛特的父親不贊成他學習藝術，但是他對藝術的熱愛達到癡迷的程度。無奈之下，他只好從家裡偷跑出來，來到義大利。他出門的時候帶的錢很少，所以不久之後就身無分文。為了賺錢，他跟著一個樂隊演奏。這個樂隊是由吉普賽人組成的，他們在各個城市巡迴演出，卡洛特也跟著他們四處漂泊。在途中，他們遇到很多艱難險阻，卡洛特收穫很多。他們遇到很多長相奇特的人或是很有特點的事物，卡洛特記憶非常深刻，對他以後的創作影響很大。他雕刻的人物非常生動，而且很有特點。

後來，卡洛特在佛羅倫斯遇到一位貴人，他非常欣賞卡洛特的藝術，於是透過關係，把他介紹到一位藝術家那裡學習。佛羅倫斯距離羅馬不遠，卡洛特待在這裡心神不定，他決定離開這裡前往羅馬。

經過一段時間的流浪，他終於來到夢寐以求的羅馬。在那裡，有兩個人非常欣賞他的粉筆素描，認為他在藝術方面一定會有更偉大的成就，這兩個人就是普里奇和湯瑪斯。一次偶然的機會，卡洛特遇到一個朋友，受到朋友的邀請，他住進朋友家。但是他已經習慣流浪，不習慣待在安逸的環境中，於是他悄悄地離開。過了不久，他的哥哥來到杜林找到他，並且把他帶回家。卡洛特對藝術非常執著，他的父親無法阻止他，只好同意他學習藝術。於是，他又來到羅馬，找到住的地方以後，開始專心學習藝術。後來，他找到一位著名的藝術家，並且拜他為師。幾年以後，他準備回到自己的家鄉法國，可是在回去的路上，他接到科西莫二世的邀請，只好在佛羅倫斯下車。在那裡，他繼續學習藝術，幾年過去了，科西莫二世因病去世，他只好回到家鄉。他憑藉自己的雕刻技術成為當地的名人，很多人聞訊來購買他的作品，他因此賺了很多錢。

後來，卡洛特的家鄉南錫發生戰爭。宰相黎希留找到他，要求他畫一張南錫戰敗的圖，並且把這張圖雕刻出來，卡洛特沒有答應他的要求。他熱愛自己的家鄉，不可能這樣做，於是他被關進監獄。有些事情真是太巧了，他在監獄裡竟然遇到樂隊那些吉普賽人。路易十三無意之間聽到卡洛特被關的事情，立刻找人把他放出來，並且向他保證，不管他遇到什麼困難，自己都會出手相助。在卡洛特的請求下，他的老朋友吉普賽人全部被釋放。卡洛特還有一個請求：這些吉普賽人可以自由地在巴黎大街上乞討。路易十三覺得這個請求有些奇怪，然而還是答應他。但是路易十三也有一個要求：卡洛特必須把這些吉普賽人全部雕刻出來，並且送給他。作為報酬，路易十三付給他三千里弗爾（Livre：查理曼大帝時期，法國的一磅白銀的價值單位），讓他年老的時候使用。實際上，路易十三的真正用意是想要把他留在巴黎。卡洛特喜歡自由，喜歡流浪的生活，所以沒有接受這筆錢。

卡洛特回到家鄉南錫，繼續他的工作。他使用的雕刻板和蝕刻板的數量，可以證明他的勤奮，他對工作的熱忱。在他的一生中，完成一千六百多件作品。他最大的興趣就是雕刻那些非常奇特的東西，那些東西雕刻起來很費勁，但是他可以把它們雕刻得栩栩如生。

本韋努托・切利尼的一生，也是充滿傳奇的色彩。他的頭銜太多了，例如：藝術家、畫家、雕刻家、工程師、作家。他的父親喬萬尼・切利尼是一位音樂家，希望他長大以後成為一位出色的笛子演奏者，但是想要朝著這個方向培養，他需要花費很多錢。不幸的是，他的父親後來失業了，只能把他送到金匠那裡做學徒。年少的他，表現出驚人的藝術天賦，不久之後，他在這一行已經小有名氣。由於他和鎮民發生一些衝突，被師傅趕走了。他流浪到錫納，在那裡成為一位金匠。他刻苦學習，過沒多久，就掌握珠寶和金器的製作過程。

他的父親仍然希望他把笛子吹好，在父親的逼迫下，對笛子不感興趣的他只好乖乖地練習吹笛子。他最大的興趣是金匠技藝，在追求金匠技藝的過程中，他可以感受藝術帶給他的快樂。他回到佛羅倫斯，繼續學習金匠技藝，但是只要有空，他就會觀察達文西和米開朗基羅的作品。就這樣堅持很長時間，他步行來到羅馬。剛到那裡的時候，他遇到很多困難。後來，他又回到佛羅倫斯，但是他已經是一位很有名望的金匠。很多人知道他名副其實的技藝以後，都來找他給金銀雕刻花紋。他個性倔強暴躁，惹了許多麻煩，只好到外面避難。他把自己打扮成修道士的模樣，偷偷地溜出去。為了避難，他去過錫納，也去過羅馬。

流浪到羅馬的時候，他在那裡找到一份工作，就是給羅馬教皇擔任金匠兼音樂家。他在那裡遇到很多藝術大師，並且從他們身上學到很多東西，例如：給寶石上彩、雕刻圖章、裝配珠寶，也可以熟練地對銅器、銀器、金器進行雕刻，那些大師看到他的雕刻都讚不絕口。他的上進心很強，在金匠方面，只要有人比他的技術高，他就會下定決心超過那個人。在上進心的驅動下，他的技藝越來越精湛。

他非常熱愛自己的工作，只要工作起來就會廢寢忘食。他對自己非常嚴格，即使技術已經無人能比，還是不斷地要求自己提升。他喜歡自由的生活，曾經騎馬去過曼圖亞、那不勒斯，也經常在羅馬和佛羅倫斯之間穿行。他出行的時候，除了自己的工具箱，什麼都不帶。他設計很多東西，並且把它們雕刻出來。再小的東西，他也雕刻得非常精緻，例如：女士腰帶上的鈕釦，胸針、耳環，還有圖章和裝飾用的盒子……他的雕刻技術無人能比，他設計的東西沒有人可以設計出來。

如果一個在藝術方面有天賦的人不勤奮，最後也會泯然眾人。富蘭克林曾經說：「我未曾見過一個早起、勤奮、謹慎、誠實的人抱怨命運不好。良好的品格、優良的習慣、堅強的意志，不會被假設所謂的命運擊敗。」

第4章

對自己的嚴厲，是成功的必經之路

實際上，無論做什麼，只要一個人願意努力，嚴格要求自己，並且堅持自己的理想，這個人一定可以獲得成功。

成功的秘訣：從小事做起

某人有新發現的時候，有些人認為非常偉大，有些人認為只是偶然，但是細究起來，就會發現根本沒有偶然因素。這些原本我們認為是偶然的因素，是由很多必然而來，因為所有的偶然都要具備某種條件才會發生，這些偶然只是那些創造必然的人把握住的機會。

牛頓發現萬有引力定律，就是一個被用來說明「偶然性」的最佳例子。但是我們要知道，牛頓思考這個問題不是一天兩天，而是思考很多年。為了萬有引力的課題，他做了很多複雜的調查，才會有「蘋果落地」發現萬有引力定律的奇聞軼事。蘋果落地的情景，讓他突然理解這個規律，但是他理解的前提，是他在此之前進行的研究。因此，掉下來的蘋果其實是他多年的研究在剎那之間的展現。同樣的例子還有很多：抽菸的時候，會升起一股煙霧，很多人會看到五顏六色的肥皂泡穿梭在煙霧裡，但是沒有意識到什麼，認為這樣很正常，湯瑪斯・楊格卻由此想到「干擾」理論，從這個理論出發，發現相關的光線衍射原理。

雖然偉大的人總是可以做一些偉大的事情，但是牛頓和楊格只是從最簡單的事情中，觀察出世界上偉大的發現。他們的偉大，在於他們很注意生活中一些平常的事情。

每個人都和別人不同，這種不同主要在於觀察力的不同。對於觀察力不強的人，俄羅斯有一句諺語是這樣描述的：「他穿過整個森林，都看不見木柴。」

「聰明人的眼睛，善於發現新事物，」所羅門說，「愚蠢的人無法看到光明。」

一位剛從義大利回來的紳士遇到詹森，詹森對他說：「先生，那些去歐洲各國遊歷的人，有時候甚至沒有那些從哈姆斯蒂德的舞台上瞭解的知識多。」

很多事情只用眼睛看是不行的，還要用頭腦想。那些不會思考的觀察者，其實什麼也無法發現；聰明人就不同了，他們總是可以把自己觀察到的事物和自己以前的研究結合起來，然後透過比較，發現事物的本質。

左右搖擺的東西，很多人都看過，然而在伽利略之前沒有人從這個現象中意識到什麼，只有伽利略利用這個現象發現改變世界的東西——時鐘。

比薩大教堂的一個工作人員，為一盞吊燈加油以後，把手鬆開了，吊燈在空中左右搖擺。年僅十八歲的伽利略對搖擺的吊燈產生興趣，並且準備將這個現象應用於計量時間。於是，鐘擺發明了，但是在此之前，伽利略已經花費五十年的時間，對這個課題進行研究。這個發明有非常重要的意義，人們由此可以測量時間，它的重要性是可想而知的，而且它的發明也為天文學的計算提供工具。

有一次，伽利略聽說有一個叫做李普希的荷蘭眼鏡製造商，他送給拿索的一位伯爵一種儀器。那種儀器看遠方的事物，可以縮短一些距離。伽利略開始思考，為什麼會出現這種現象？思考的結果是——他發明望遠鏡。望遠鏡的發明，也有非常重要的意義，象徵現代天文學研究的開始。如果是一個粗心的人，或是一個不用心的觀察者，不可能有這樣的發明。

布朗船長，就是後來的塞繆爾先生，他在專心研究橋樑建造的時候思考，是否可以建一個使人們輕鬆地穿越特威德河的東西？一個有露水的秋天早晨，他在院子裡散步的時候，看見一隻蜘蛛，那隻蜘蛛橫跨在他散步的路上。這個時候，一個想法突然出現在他的腦海裡——用鐵鍊或是與鐵鍊相似的工具連在一起建造在河面上，這就是吊橋的發明過程。

詹姆斯・瓦特也遇到類似的事情。當時，他正在研究如何在克萊德外表粗糙的河床上，做一個可以用管道運輸水的裝置。他吃飯的時候看到龍蝦的外殼，以此為模型，他想到可以用鐵管道運水。果然，用鐵管道運水的方案獲得成功。

伊桑巴德・布魯內爾注意到昆蟲用自己堅實的腦殼在木頭上打孔。牠首先在一個方向打，然後再從另一個方向打，直到拱道形成的時候才會停下來。拱道形成之後，牠還會在頂部抹上類似漆的東西。由此，他想到建造泰晤士河隧道的方法，並且透過對昆蟲的模仿，建造自己的遮擋板。就是這個方法，幫助他完成一個偉大的工程。

細心的觀察者，有一雙敏銳的眼睛，因此可以發現表面事物中隱藏的本質現象。

船邊漂浮著海藻，這是現實生活中很正常的事情，哥倫布就是利用這件事情，平息船員之間的內訌。他對那些絕望的船員說：「不要再吵了，我們快到新大陸了，你們看看這樣的海藻以前從來沒有出現過。」

很多事情都值得細心觀察，並且和我們在思考的東西結合起來，因為很多事情總是可以在某個方面展現價值。誰可以想像著名的「阿爾比恩英格蘭石灰岩」是由昆蟲建成的？那些昆蟲很小，肉眼看不到。更令人驚奇的是，珊瑚島形成的規律和它們的建造規則竟然是相同的！因此，我們不可以懷疑微小事物的力量，因為這些微小事物總是可以引導我們走向成功。

成功的另一種秘訣，就是對事物進行密切觀察。用這個秘訣成功的人不在少數，無論是在商業、藝術、科學，還是其他方面，都有這樣的例子。人類的知識，就是一代又一代的人，對一些事物認知上的累積。他們一點一滴累積的知識，最後凝聚成一座巨大的金字塔。剛開始的時候，這些事物和觀察看起來好像沒有什麼用處，但是最後如果找對切入口，它們的用處就會非常大。

很多看起來非常困難的設想和研究，都是在最簡單的實踐中得出的結論。古希臘數學家阿波羅尼奧斯發現圓錐截面，當時沒有人注意這個發現，也沒有人認為這個發現有什麼用。到了二十世紀，他的這個發現成為天文學的基礎。天文學是一個領導現代航海家與廣闊海洋搏鬥的最基礎工具，可以使他們一直沿著正確的航線航行，而且可以把他們帶到任何自己想要去的港口。如果不知道線與面之間的關係，只是依靠一些粗心的觀察，絕對不會發現這樣的成果，也永遠無法探索海洋。

富蘭克林發現閃電的時候，很多人嘲笑他：「閃電可以做什麼？」

富蘭克林回答：「孩子小的時候用處也不大，但是最後會成為人才！」

義大利醫生和動物學家伽伐尼無意之間發現青蛙和金屬接觸的時候，雙腿抽搐一下，這個發現給他很大的幫助。經過多年的努力，他發明電池，這個發明就像「在全世界放了一個環行的電線」。

地質學和採礦業的誕生，是因為一些石頭和化石出土，一些人經過研究以後，就誕生這樣的科學。當然，在研究的同時，還要投入大量的資金和人力。

開礦和工廠使用的設備、蒸汽船的動力設備、牽引火車頭的設備，都是依靠一種機器。它可以透過把水加熱成蒸氣以提供動力，這種機器叫做蒸汽機。茶壺裡的水沸騰了，裡面的水蒸氣就會把壺蓋頂開，這就是用蒸氣這種動力的原理——瓦特發明蒸汽機，它可以提供巨大的能量，足以被用於上述各種活動。

從事商業活動的人，必須具備一些主要素質——專心、守時、勤奮、準確。

剛開始的時候，這些素質也許是小事，而且初期就算不具備這些素質，影響也不是很大。

但是對於一個人來說，它們會影響一個人是否可以成功，以及這個人是否可以對社會盡力。從這個方面來看，上述的主要素質就很重要。一件一件的小事，慢慢地影響我們，改變我們的品格，它們也構成人生的全部，因為一個人的一生會有多少事情是大事？

小事不能小看，因為不僅會影響個人，甚至會影響一個國家的命運。英國國王理查三世，是金雀花王朝最後一位君主，據說在一場關鍵戰役中，由於他騎的馬在釘馬掌的時候沒有釘好，打仗的時候掉了一隻，戰馬失蹄，他被掀翻在地，進而敗亡。英國從此開始都鐸王朝的統治，可謂「小事決定成敗，帝國亡於鐵釘」。如果一個人或是一個國家一蹶不振，我們一定可以從小事上找到原因。

進而可以看出平時把小事做好，是決定一個人成敗的關鍵，也是決定成功的秘訣。

願意努力不怕吃苦，成功才會屬於你

在這個世界上，總有一些勇敢的人們，透過自己的勤奮和堅強的意志力獲得人們的尊重，慢慢地得到榮譽，有些被封為貴族。古時候的封建貴族，他們為國家做出巨大的貢獻。他們為了保護自己的家園，在很多戰役中英勇奮戰。由於他們的獻身精神，國家得以安定興盛，他們被封為貴族也是理所當然的。他們分別是：希爾、克萊德、聖文森、尼爾森、哈丁、里昂、威靈頓。

每個人應該都知道，法律界的人士想要得到貴族的稱號非常不容易，比其他領域的貴族付出的還要多。英國在法律界有七十多位貴族，其中兩個是公爵，他們在英國是赫赫有名的律師。厄斯金出生在貴族家庭，但是他的朋友很普通。除了厄斯金以外，其他的貴族大多出生在普通的家庭。他們的父輩們，有些是職員、雜貨商人，有些是律師、中層工作人員。霍華德和卡文迪許，他們的父輩們是法官，後來他們被封為貴族。這樣的例子還有很多，例如：哈德威克、埃萊斯米爾、吉爾福德……

藤特登是法律界的貴族，他出生在非常貧窮的家庭，可是從來沒有覺得自己比別人卑微。他認為，一個人的出身無法決定他的未來，只要自己願意努力，勤奮學習，就可以取得偉大的成就，他後來成功了。

有一次，藤特登帶著他的兒子來到一個茅屋，這個茅屋的對面就是坎特伯雷大教堂。他告訴兒子，這個茅屋曾經是他祖父的理髮店，祖父為別人刮一次鬍子只收一分錢，祖父是他們家人的驕傲。

藤特登小時候很喜歡唱歌，後來他成為教堂的一位歌手。有一次，他和理查法官出去審判的時候，路過那個教堂。他們進去以後，理查興致盎然地指揮唱詩班的人們唱歌。藤特登看著理查說：「還記得我們小時候的事情嗎？當時，我在鎮上的一所學校讀書。有一次，教堂要選出唱詩班的領唱，後來我輸給你，我很嫉妒你。」

有些貴族坐上英國最高法院法官的寶座，例如：凱尼恩、愛倫伯羅，還有現代的英國大臣、牧師的兒子坎貝爾。坎貝爾曾經在一家報社當記者，一做就是好幾年。他工作的時候很刻苦，所以做得很好。後來，他成為一位律師。他沒有錢，出去審判的時候都是步行。經過多年的努力，他後來榮升為最高法院的法官。他對工作一絲不苟，而且非常勤奮，人們很愛戴他。實際上，其他行業和法律界一樣，只要努力，一定會成功。

艾爾登和其他成功人士一樣，勤奮地工作，最終獲得很高的聲譽，並且受到人們的愛戴。他的父親是一個煤礦修理工人，他小時候非常淘氣，不認真學習，經常去別人家的果園裡偷水果，因此被老師處罰很多次。他的父親知道他在學校惹出許多麻煩，打算讓他去雜貨店做學徒。後來，他的父親沒有把他送走，而是把他留在身邊學習煤礦修理。

艾爾登的哥哥在牛津大學讀書，經過努力獲得學位。哥哥來信說，要艾爾登去他那裡讀書，並且保證會教導弟弟。他的父親同意了，就把艾爾登送到牛津。艾爾登到達那裡以後，非常勤奮，再加上哥哥的幫助，很快就獲得獎學金。他放假期間回到家鄉，認識一個女孩，並且和這個女孩戀愛了。後來發生更荒唐的事情，他竟然和這個女孩跑到其他國家，然後私下結婚。他當時很窮，有時候甚至餓肚子。他的衝動讓他失去獎學金，他的朋友們不看好這段愛情。後來，他開始學習法律。他跟朋友通信，信中這樣說：「為了我的愛人，我會努力工作。雖然我們的婚姻有些魯莽，但是我會讓她幸福。」

為了專心學習法律，他在倫敦的克斯特勒租了一間房子。他的學習非常刻苦，每天早上四點起床，一直讀到深夜。有時候，他很想打瞌睡，為了克制自己，他把一塊濕毛巾裹在頭上。在律師的教導下，可以獲得更多知識，可是他沒有錢交學費。為了可以學習得更好，他把判例集的其中三卷抄一遍。

後來，艾爾登被封為法律界的貴族。有一次，他和秘書出去辦事，途徑克斯特勒。他感嘆地說：「我以前就是在這裡學習，那個時候很窮，幾乎沒有錢吃飯。晚上，我拿著六便士穿過街道，買一些最便宜的東西充饑，可以想像當時的困苦生活。」艾爾登的努力沒有白費，他拿到律師資格證書。可是工作不好找，過了很長時間，他終於找到一份工作，薪水只有九先令。他非常勤奮，經常在倫敦法院和北部其他法院之間奔走。四年以來，他累積豐富的經驗。

艾爾登剛工作的時候，沒有人找他打官司。後來，他接手一些窮人們的案件。這樣的日子，他實在堅持不住，決定離開這裡，到大城市找工作。他終於擺脫這份枯燥的工作，從此不再是一位不起眼的鄉村律師。他從小就有這樣的勇氣，例如：說服父親不去雜貨店做學徒，不做煤礦修理工人。

艾爾登的離開，預示他的成功。有一個很好的機會，可以充分發揮他的才華。他在處理案件的時候，發現一個可疑的地方。可是他提到這一點的時候，當地法院沒有理會他。後來，在最高法院判決的時候，他的說法得到贊同，並且最終取得成功。

那天案件結束以後，有一位律師對他說：「你很厲害，年輕人，你的未來會更加輝煌。」這位律師的話確實很準，沒過多久，艾爾登已經名傳千里。曼斯費爾德貴族曾經這樣說：「艾爾登是一位非常成功的律師，只要他願意接案件，一年賺三千里拉沒有問題。」

史考特和艾爾登的經歷相似。史考特當上皇家法律顧問，那年他三十二歲。他還是一位首席法官，北部的巡迴審判都是他管理。除此之外，他還在威布雷市擔任議會代表。他剛開始工作的時候，也經歷很多困難，但是都被他克服了。他非常勤奮，獲得豐富的知識，為他的成功奠定基礎。他的勤奮和能力註定他的成功，他榮升為律師和司法部長。獲得這個職位以後，他沒有驕傲自滿，而是更努力工作。過沒多久，皇室任命他為英國貴族大臣，這是最神聖的職位。在這個職位上，他辛勤耕耘二十五年。

亨利・比克思特斯的父親很不簡單，透過自己學習醫學知識，成為一位外科醫生。亨利繼承父親勤奮好學的優點，他的父親把他送到愛丁堡上學，那個時候他非常刻苦，掌握豐富的醫學知識，因此在學校裡獲得很多獎勵。完成學業以後，他回到家鄉，每天幫助父親醫治病人。鄉村的條件非常簡陋，他有些厭惡這份工作。但是他沒有放棄，只要有時間，就會學習這個方面的知識，只有這樣，才可以不斷地提升自己。

後來，亨利開始研究生理學的高級學問。他的父親為了培養他，把他送到劍橋繼續學習。他的父親希望他在那裡用功學習，早日獲得醫學學位。有醫學學位，他就可以留在大城市當醫生。亨利的學習達到廢寢忘食的地步，過沒多久，他的身體就無法承受。他加入牛津地區流動醫生的行列，可以趁此機會鍛鍊身體。

在流動工作的時候，亨利喜歡上義大利的文化，並且學會義大利語。學了這麼多年醫學，其實他對醫學不是很感興趣，經過再三衡量，他決定放棄醫學。但是他回到劍橋的時候，學校授予他醫學學位，除此之外，他還獲得數學學位。他小時候有一個理想，就是長大以後要當一個軍人，可是一直沒有實現。離開劍橋之後，他又進入英國內殿法學院學習。就像當年學習醫學知識一樣，他刻苦學習法律。那個時候，他寫過一封信給他的父親，信中這樣說：「很多人佩服我的毅力，他們認為就是因為這個特點，不管我做什麼事情都會成功，我也相信自己可以做到。可是有時候我也會迷茫，不知道怎麼做才可以成功。」

亨利拿到律師資格證書以後，開始出庭審理案件，那年他只有二十八歲。那個時候，他沒有什麼名氣，很少有人找他審理案件，他非常貧窮。為了可以充實自己，他不斷地學習，可是過了很久，還是沒有找到工作。為了省錢，他從來沒有去過娛樂場所，必需的日常用品也很少買，就這樣節儉地過日子。

在給家人的一封信中，亨利這樣說：「我已經熬了很久，應該出現一個機會，展示我的學識。我擔心這個機會來得太遲，如果是那樣，我可能會撐不下去。」他艱難地度過三年，可是沒有任何機會垂憐他。在給朋友的一封信中，他這樣說：「我準備放棄律師這個職業，因為我不想再依靠你們的接濟過日子。我決定回到劍橋，我可以在那裡賺到一些錢，至少可以養家糊口。」朋友收到他的信以後，又寄了一些錢給他，他不得不收下。

有一次，他接手一個案件，並且取得很大的成功。後來有人找到他，委託他處理一些案件。他的學識為他的成功創造很好的條件，不管是什麼案件，他都會認真處理。透過這些案件，他可以不斷提升自己。他的才華和能力終於有施展的地方，同時也獲得相應的回報。

工作幾年以後，他還清所有債務，從此過著幸福的生活。他工作非常努力，得到很多人的欣賞。這個時候，他已經是一位很有名氣的律師，他成功了。後來，他被任命為主事官，他的成功和努力、毅力、耐力有很大的關係。

從這個例子可以看出，一個人只有勤奮工作，才可以獲得最高的榮譽，受到人們的愛戴和支持。在努力工作的同時，也可以獲得豐厚的回報。所以我們一定要相信，不管自己是否具備天賦，只要願意努力，不怕吃苦，成功總有一天會屬於自己。

興趣和耐心，可以幫助你創造奇蹟

查爾斯·貝爾對自己的工作很有耐心，並且具有堅強的決心和意志力。他對神經系統非常感興趣，廢寢忘食地鑽研，所以在這個領域做出很大的貢獻。當時，貝爾還沒有研究神經系統，關於神經系統的功能有很多說法，沒有一個權威性的觀點。實際上，早在德謨克利特和阿那克薩哥拉取得一定的成果以後，這麼多年以來，這個方面的研究一直停滯不前，查爾斯·貝爾開始研究神經系統的功能。他很有耐心，經過無數次的試驗，證實自己的觀點，並且公布這個觀點。他從一八二一年開始研究神經系統，他的觀點有獨到之處。

貝爾的論文非常清晰，從最低級動物的神經系統開始分析，然後逐漸上升，直到分析人類的神經系統。他這樣評價自己的論文：「這篇論文條理清晰，簡單易懂，每個人看了都會明白。」在他的論文中這樣說：「人類的脊椎骨髓可以產生脊椎神經，而且這種神經有兩種功能，一種是控制人類的感官，另一種是控制人類的意志力，而且這兩種功能是透過不同的神經系統傳輸的。」

關於神經系統的功能，查爾斯・貝爾研究四十年，他在一八四〇年向皇家學會提交他的第一篇論文。過了一段時間，人們慢慢接受他的觀點，醫學上也開始接受他的研究，國外的醫學界也對他的研究很感興趣，人們承認他的觀點，並且認為它就是真理。在深入研究的時候，他每個步驟都很謹慎，害怕毀掉自己的名聲。後來，他的學生離開了，他自己繼續試驗，找出更多的例子，才可以更有說服力。經過不斷的研究和探索，他又有新的發現。人們意識到查爾斯・貝爾為了給醫學界做出貢獻，受到很多阻礙。在居維葉病危的時候，他的臉已經扭曲了，原因是他的臉部神經受到旁邊神經的拽拉，他的這種症狀很好地證明貝爾的研究。

馬歇爾・霍爾醫生也是研究神經系統，在研究的過程中，同樣受到很多質疑。他非常有耐心，也非常細心。他的觀察力很強，人們不注意某些東西，或是只看到表面現象，但是他可以看到它們的本質。他在發射性神經系統方面取得的成就，讓醫學界為之震撼，也因此成為著名的科學家。在發現發射性神經系統之前，他正在研究法螺的肺循環系統。他把法螺的頭部、尾巴、外殼切掉的時候，牠還是可以在桌子上移動。只是牠的身體扭曲成一團，而且在移動的時候不斷地變換形狀。霍爾醫生在思考：「我沒有觸碰牠的肌肉和神經，牠為什麼還會移動？」很多科學家曾經看到這種現象，可是只有他願意一探究竟，這就是他發現發射性神經系統的原因。他曾經對自己說：「不管遇到什麼問題，我都會把它弄清楚。」他不停地找資料，研究這個問題。為了研究這種現象，他花費兩萬五千個小時。除了這項研究，他還在聖・湯瑪斯醫院和其他醫療機構任教。即使他這麼努力，他提交給皇家學會的論文還是被拒絕了。又過了十七年，皇家學會終於批准他的論文，當時國內的醫學界已經肯定他的觀點。

威廉・赫雪爾是一位偉大的科學家，他具有堅強的意志力。他的父親是一位德國音樂家，但是他們的生活很貧困。他有四個兄弟，都受到父親的影響，進而走上音樂的道路。

赫雪爾來到英國不久，就加入達拉謨民兵樂團，他在樂團裡演奏雙簧管。後來，軍團駐紮在唐卡斯特，他認識一位叫做米勒的醫生。米勒聽過他拉的小提琴，覺得非常優美。出於對他的欣賞，米勒和他聊天。他建議赫雪爾離開軍隊，到他家住一段時間，赫雪爾聽從他的建議。他在唐卡斯特主要是拉小提琴，只要有時間，就會去米勒家的圖書館看書。後來，哈利法克斯教堂又創建一個管風琴樂隊，要招聘一位管風琴演奏者。赫雪爾參加面試，很順利地被錄取。

赫雪爾厭煩教堂裡的演奏，他開始流浪。來到巴斯以後，他在一個樂團裡演奏管風琴。一些天文學家的發現，讓他非常好奇，就從朋友那裡借來一副望遠鏡。他迷戀上天文學，想要買一副望遠鏡，可是太貴了。他突發奇想，為什麼不自己製作一副望遠鏡？但是製作望遠鏡最重要的是要有凹形金屬反射鏡，想要做出這個設備有些困難。

赫雪爾克服所有困難，做出一個五英尺高的望遠鏡。透過望遠鏡觀察天空的形狀，他的心裡有說不出的高興。過了不久，他又做出一個七英尺高的望遠鏡，可是他仍然不滿足，又做出一個十英尺高的望遠鏡，後來又做出一個二十英尺高的望遠鏡。他開始做七英尺高的望遠鏡的時候，進行兩百多次實驗，終於成功地做出可以承載重力的反射鏡。這一點更可以說明他是一個勤奮而意志力堅強的人。他的興趣和生活都需要錢，所以他沒有放棄演奏管風琴。他癡迷於對天空的觀察，即使在演奏的空檔，也會到外面觀察天空。只有這樣，他才可以精神抖擻地繼續演奏。經過仔細的觀察，他發現天王星，它的軌道和移動速度被他計算得很清楚。他把研究結果提交皇家學會，得到皇家學會的認同，他成功了。從此，卑微的管風琴演奏者得到很高的地位。過了不久，喬治三世賦予他高貴的榮譽和皇家天文學家的光榮稱號。但是得到這些，他沒有驕傲自滿，還是像以前一樣謙虛、和藹、做事有耐心。

一個卑微的管風琴演奏者透過努力成為人們認同的天文學家，簡直就是一個奇蹟。

堅強的意志，是最真誠的智慧

如果一個人具有堅強的意志力，不管做什麼事情都會取得成功。那些優秀的人士經常會說：「因為我們具有堅強的意志力，所以我們追求理想的時候，不管遇到多少困難，我們都可以克服。我們應該對未來充滿希望，我們可以透過自己的努力，把未來打造成理想的狀態。」

有一個木匠為了給一位官員設計椅子，花費許多心思。有人問他原因，他回答：「有一天，我可能會坐上這把椅子，所以我要把它設計成一把最舒服的椅子。」

後來，他確實坐上這把椅子，成為當地的官員。

從這個故事中，我們可以瞭解：以後想要做什麼事情，主要取決於自己的選擇。一個人在河裡游泳，其他人無法決定他要游向哪裡，所以我們應該做一個強健的游泳者，即使在逆水中也可以前行，就可以游向自己嚮往的目標。

我們的意識是自由的，只要具有堅強的意志力，就可以明確目標，奮勇前進。如果我們失去意志力，就會變得麻木，不知道自己想要什麼。我們也不能過分自由，家庭規則、社會規範、商業活動都會約束我們的行為，如果沒有這些東西約束我們，我們就會沒有責任感，建議、教育、傳教、正義就會跟我們脫離關係。沒有統一的信仰，法律對於我們來說，也會失去效力。在生活中，意識會隨時提醒我們：我們擁有自由的意志。

具有堅強的意志力確實很重要，但是我們應該把這種意志付諸行動。不管我們做什麼事情，都是把意志轉化為行動。我們應該學會主宰自己，不要因為自己的習慣或是外界的誘惑而迷失自己。不管阻礙我們前進的習慣多麼頑固，我們都可以透過意志來抵制它們。所以說，具有堅強的意志力非常重要。

拉蒙納斯跟一個年輕人說：「你現在很年輕，想要決定一件事情很容易。如果年紀大的時候，恐怕想要做出決定也不可能。一定要養成善於決定的習慣，並且堅定自己的意志。因為只有這樣，才不會像一片枯萎的葉子那樣隨風飄搖，你的明天才會過得更好。」

巴克斯頓認為，如果一個人具有堅強的決心，並且相信自己的決定，堅強地走下去，沒有任何事情可以難倒他。他寫信給兒子的時候這樣說：「對於你來說，現在是一個關鍵時刻，必須盡快決定往左走還是往右走，不能成為一個懶惰而一事無成的人，要有原則、意志力、堅強的決心。如果你真的變成懦弱不前的人，再後悔也來不及。我相信你會成為一個充滿激情的青年，只要自己決定的事情，就一定要完成。我年輕的時候就是這樣，所以我現在很成功，生活很幸福。不要輕視自己，相信自己的決定，勇往直前。」意志一定要有方向，只有這樣，堅持才有意義。意志的方向分為兩種：一種是高尚的方向，堅強的意志就像一位掌管一切的國王，智慧就像一位賢能的大臣，有它們的幫助，還有什麼可怕？另一種是享樂的方向，智慧會變得非常低俗，堅強的意志也會變得邪惡，一個人的一生就毀了。

「有志者事竟成」，這句話也可以說明意志的重要性。如果一個人具有堅強的意志力，不管遇到什麼困難，都可以很好地解決。我們必須具備處理事情的能力，決定要做某件事情的時候，就可以順利完成。蘇沃洛夫是一個意志力堅強的人，他把所有具備這種精神的人稱為一個體系。有時候，他會告訴那些失敗者：「你們失敗的原因是：只擁有一半的意志。」在黎希留和拿破崙的眼裡，根本不存在「不可能、我不知道、我不能」這樣的詞語，這些詞語也是他們最討厭的。他們呼籲的是：「學習、實踐、嘗試」，這些詞語在他們的自傳中經常看到。從這個例子可以看出，一個人擁有意志和能力是多麼偉大的事情，其實每個人身上都具備這兩種品格。

「堅強的意志，是最真誠的智慧。」拿破崙很喜歡這句格言。從他的成就可以看出，堅強的意志在人們的一生中產生的作用。工作對於他來說非常重要，他把所有精力用於工作。由於統治者的無能，國家衰敗了。這個時候，權力交到他的手裡。他們的軍隊想要前行，必須經過阿爾卑斯山。他堅定地說：「阿爾卑斯山不可能擋住我們的去路。」時隔不久，一條穿越西坡倫的道路建成了，這是一項非常艱鉅的任務。在他的眼裡，只有那些愚蠢的人在面對困難的時候會說出「不可能」這個詞語。他是一個工作狂，他有四個秘書，可是每個秘書都會被他使喚得疲憊不堪。只要他忙碌，其他人也會跟著忙碌，所以想要休息，除非他休息。這種熱愛工作的精神，感染每個人。他從一個普通人奮鬥成為法國皇帝，這是一件多麼不容易的事情。可是後來他把自己毀了，也毀了法蘭西。因為在自私行為的驅動下，他建立一個獨裁體制。他的一生給我們留下深刻的教訓，一個人具備強大的能力和堅強的意志力，如果不做善事，還是會一敗塗地。

「沒有偉大的意志力，就不可能有雄才大略。」一個人無論做什麼，如果做出決定，就要全力以赴，無論有什麼困難，只要真的想要做好，一定可以找到方法。

以勇士們為榜樣，走好人生之路

查爾斯・納皮爾是一位印度將領，勇氣十足，而且非常堅定。他在戰場上被敵人包圍的時候，認為自己只是暫時遇到困難。在米亞尼戰役中，他只有兩千個士兵，而且其中有四百個是歐洲人，敵方有三千五百個俾路支人，而且武裝齊全，能征善戰。這場戰役想要取得勝利確實很困難，可是查爾斯・納皮爾心中只有一個信念，那就是勝利。俾路支人把他們包圍起來的時候，在他的命令下，所有士兵堅守在堡壘後面。戰場上硝煙滾滾，在納皮爾的鼓舞下，他的士兵們信心十足，以頑強的毅力跟敵人對抗，最後他們勝利了。

當時，俾路支軍隊的兵力比印度軍隊的兵力強，可是面對納皮爾率領的軍隊，俾路支軍隊還是撤退了。堅強勇敢的軍隊往往是勝利者，勇氣不足的另一方註定失敗。在一些特殊的情況下，可能比敵方多堅持幾分鐘就可以贏得勝利。即使自己的兵力和敵方的兵力相差甚遠，只要在將領的鼓舞下堅持下去，不久之後，敵方的兵力就會逐漸減弱，這個時候鼓足勇氣出擊就會獲得勝利。斯巴達是一個農夫，有一次他的兒子抱怨，劍太短了，無法打敗對手。他讓兒子朝自己走一步，然後告訴兒子，這樣就可以刺到對手。這是一個處世的道理，可以幫助我們解決生活中的很多問題。

不管遇到什麼困難，納皮爾從來不退縮，帶領士兵們一起對抗敵人。他的堅定和勇敢，給士兵們帶來很大的勇氣。他曾經這樣說：「智慧的人從來不貪圖享樂，有什麼任務和士兵們一起完成，並且公平對待每個士兵。如果將領在作戰的時候無法全神貫注，士兵們就會渙散，所以無法戰勝對方。在危險的時候，我們更應該付出努力，鼓足勇氣，只有這樣，勝利的希望才會更大。」

在行軍的路上，一個年輕的士兵對其他人說：「我想要偷懶的時候，看到比自己年紀大的人在馬背上顛簸，就會感到很慚愧。在危險的情況下，如果他命令我完成一項任務，我會英勇地向前奔去。」後來，這句話被納皮爾聽到了，他表揚這個年輕人，並且讓士兵們學習他不畏艱險的精神。

納皮爾在印度的時候遇到一個魔術師，他們之間發生的事情更可以說明他的樸實、誠懇、冷靜。當時，印度戰役剛結束，一個有名的魔術師來到軍營，為納皮爾的家人和部屬展示自己的技藝。其中一個魔術是：他可以把放在助手手上的柳橙一刀劈成兩半，而且不會傷到自己的助手。納皮爾認為其中一定有詐，這個魔術師和他的助手共謀，否則一刀下去，他的助手不可能安然無恙。他想要揭穿這個把戲，要求和魔術師一起完成這個魔術，他把一個柳橙放在右手上讓魔術師砍，魔術師看了一會兒，仍然沒有下手。納皮爾大聲地說：「你們這種騙人的把戲，根本瞞不過我的眼睛。」這個時候，魔術師說：「你的右手不適合，把你的左手伸出來讓我看看。」納皮爾答應他的要求，伸出自己的左手。魔術師看了以後，認真地說：「這隻手可以，請你把柳橙放在手上，我再表演一次，但是在表演的時候，你的手不要亂動。」納皮爾疑惑地問：「為什麼右手不可以而左手可以？」魔術師回答：「你的左手長得很飽滿，所以比較安全。但是右手比較空，表演的時候容易傷到手。」

納皮爾驚訝地說：「真是不可思議。我以為這是一種騙人的把戲，沒想到這個魔術師真的會這種技藝。他要我把柳橙放在左手上，伸直手臂，而且不能抖動。這個魔術師鎮定地瞄準目標，迅速地一刀劈下去，柳橙真的被他劈成兩半，我的左手完好無損。他的刀劈下去的時候，我只是感覺到一股涼氣，真是不簡單。這個魔術師是一位勇敢的印度劍客，但是我們在米亞尼戰役中打敗他們的軍隊。」

對於一個國家來說，具有堅定的意志和自力更生的能力非常重要，這一點在印度戰役中表現得淋漓盡致。

一八五七年五月，叛亂在印度爆發。當時，英國的軍隊已經所剩無幾，這些都是愚蠢的統治階級的錯誤。而且這些軍隊不集中，分布在印度的各個地區。孟加拉軍隊紛紛衝向德里，戰爭已經波及很多城市，英國軍隊無法抵抗這些叛軍，不斷地發出求救信號。駐紮在海灣的小分隊已經被叛軍們包圍。在很短的時間裡，英國軍隊已經被打敗。這場叛亂就像閃電一般，須臾之間就過去了，可是英國人宣稱自己從來沒有經歷戰爭。可憐的是，戰敗已經成為事實，他們無法逃避，只能無奈地接受。

叛亂爆發以後，當地的霍爾卡王子來到占星家面前要求占卜。占星家告訴他：「叛亂不會輕易地停止，歐洲人一定會征服我們。就算他們剩下最後一個人，也會和我們抗爭到底。」可是就在即將戰敗的時候，勒克瑙的少數英國士兵、婦女、平民仍然組成一支軍隊，抵抗小鎮中的叛軍。他們的心中充滿希望，他們沒有向叛軍屈服。他們不知道叛軍已經佔領印度，而且他們已經和朋友失散幾個月，可是他們仍然頑強地抵抗。他們充滿勇氣和信心，為了保衛國家，他們不惜犧牲自己的一切，包括他們的生命。

在印度集合起來的英國人從來不畏懼困難，他們的心中充滿希望，即使有一絲希望，他們也會抗爭到底。他們仍然堅守在自己的崗位上，並且做好犧牲的準備。如果英國軍隊真的戰敗了，他們就會在自己的崗位上或是自己的責任中倒下去。

哈夫洛克、英格利斯、尼爾、奧特拉姆，他們都是勇士，是值得我們學習的英雄模範。這些偉大的烈士，永遠活在我們的心中。在戰爭中，他們擁有堅定的信念，不畏艱險，和敵人抗爭到底。蒙塔勒貝特曾經讚揚他們：「他們是人類的驕傲。」除了他們，還有那些最普通的平民，所有的士兵和那些最勇敢的婦女，他們也是值得我們驕傲的。我們在大街上、田野裡、工廠裡，會經常見到普通的他們，雖然他們不是健碩的士兵，但是他們有一顆和士兵一樣的愛國之心。他們敢於和邪惡抗爭，即使在最困難的時刻，他們也不會退縮。他們都是英雄，因為他們具有英雄們高貴的品格。蒙塔勒貝特說：「所有的平民、士兵、將軍，不管是年老還是年少，他們勇敢地和敵人戰鬥。在戰鬥中，他們很多人都犧牲了，但是他們的臉上沒有痛苦和恐懼的表情，他們很平靜，也很安詳。從他們的行為和表現中，我們看出教育的力量。每個人在年幼的時候開始接受教育，國家會教導他們，要和別人團結互助，遇到挫折和困難的時候，不能退縮，要勇敢地面對。在他們的成長中，也接觸很多類似的事情，長大以後，他們已經具備保護自己的能力，並且反抗別人對自己的侵犯。」

在一位叫做約翰・勞倫斯的將領保護下，德里沒有淪陷，印度也得到拯救。他為人熱情，責任感非常強，在工作方面更是勤奮努力，周圍的人們都被他的這種精神感染了。

約翰・勞倫斯非常有才華，他的部屬非常佩服他。在德里戰役中，他的弟弟亨利立下大功。亨利有自己的一支旁遮普軍隊。他們作戰的時候非常英勇，士兵們很佩服他們，並且相信在他們的領導下，一定可以守住德里。實際上，最高貴的品格就是他們的仁慈，他們的這種精神讓士兵們非常感動，他們受到士兵們的愛戴。愛德華茲曾經說：「他們的品格贏得士兵們的喜愛，這種品格會感染每個士兵。有這麼好的將領，士兵們會更有自信。」

除了亨利之外，約翰・勞倫斯還有很多得力助手，例如：蒙哥馬利、尼克爾森、科頓，還有愛德華茲，這些優秀的將士是他們勝利的根本。在這些人的身上，也具備勞倫斯的果斷和敏銳。他們之中最優秀的一位將士就是約翰・尼克爾森，他比其他人更勇敢，品格比其他人更高尚。當地人說他是一位最勇猛的智者，達爾豪斯貴族說他是一座堅定而結實的鐵塔，他的力量和勇氣讓人佩服。即使最困難的任務交到他的手上，他也可以順利地完成。在戰爭中，有五十五個印度叛軍逃逸，尼克爾森騎馬追捕二十個小時。為了對付敵人在德里的常規軍，勞倫斯和蒙哥馬利組織一支旁遮普軍隊，並且開始招募士兵，一些歐洲人和印度錫克教徒踴躍加入隊伍的行列。得到廣大民眾幫助的勞倫斯，把整個城市安頓得井然有序。勞倫斯寫一封信給指揮官，信上說：我們已經把反抗者吊在城牆上，以作警示。尼克爾森在戰爭中犧牲，一個印度錫克教徒的士兵趴在他的墳墓上，哭著說：「在你領導下的部隊精湛，在幾英里之外就可以聽到他們前進的聲音。」

當時，勒克瑙軍團的第三十二軍駐紮在勒克瑙，後來勒克瑙被二十萬敵軍包圍，並且在勒克瑙除了駐紮的這支軍隊以外沒有其他軍隊，所以他們只能憑藉自己的力量與敵軍抗衡。在英格利斯的領導下，第三十二軍與敵軍頑強戰鬥六個月。在奪取德里的戰爭中，這樣的事例很多。

英國軍隊準備趕走敵軍奪回德里，可是他們的兵力不足。加上當地的步兵和歐洲的士兵，他們只有三千七百人，敵軍有七萬五千人，可以說是以卵擊石，但是他們有頑強的鬥志，用有限的兵力包圍德里。敵軍是經過正規訓練的士兵，而且武器充足，不斷轟炸城外的英國軍隊。英國軍隊在烈日下駐紮在城外，敵軍轟炸他們三十次，他們傷亡慘重。在霍德森上校的帶領下，他們仍然鬥志十足，不惜犧牲生命。霍德森上校說：「我們是世界上最勇敢的士兵，我相信除了我們的軍隊以外，沒有其他的軍隊敢這樣跟敵人鬥爭。」他們有頑強的毅力，從來沒有休息。他們意志堅定，始終堅守陣地。最後，他們趕走敵軍，重新佔領德里，在德里的上空飄揚著英國國旗。

霍德森是一位偉大的將領，他領導的士兵也非常偉大。士兵中的很多人是平民百姓，年輕的上校平時過著高貴的生活，可是在戰爭中，他就是最勇敢、最堅強的勇士。他們的勝利值得所有人學習，他們的精神值得所有人傳承。從過去的戰爭中，我們可以吸取很多教訓，在以後的生活中，最好不要犯下類似的錯誤。我們也應該以勇士們為榜樣，走好人生之路。

工作狂與他想要做成的事情

如果一個人擁有高尚品格，非常勤奮，而且精神抖擻，他的精神就會感染身邊的每個人，包括他的鄰居和侍從，甚至國家也會受到他的影響，約翰・辛克萊就是一個典型的例子。

在阿比・格雷戈爾眼裡，約翰・辛克萊是一個工作狂，而且從來不知道疲倦。早年，他住在約翰・奧格羅茲附近，他的父親是一個地主，家裡很有錢。那裡是一個比較落後的鄉村，非常荒涼，而且雨水很多。十六歲那年，他的父親去世了，家中的財務由他管理。十八歲的時候，他在凱瑟尼斯郡創業，並且取得成功，後來業務發展到蘇格蘭。當時，凱瑟尼斯郡非常貧窮，田地都是公共的，沒有任何灌溉工具，莊稼的產量很低。農民們沒有錢買牲畜，粗重的工作都是婦女們做的。婦女是最廉價的勞力，他們也不需要買馬。村莊裡沒有一條寬敞的道路，河上也沒有架橋。那些販賣牛的商人，只好和牛一起游過河。靠著山的一邊有一條道路，非常陡峭，道路的對面是一條湍急的河流，只有這條路可以從外面通往凱瑟尼斯郡。

當時，約翰先生很年輕，可是他已經下定決心，要開闢一條跨越班切爾特山的道路。那些年邁的當地人聽了他的想法，覺得很荒唐，很不真實。那個夏天，他找來兩百多個工人開始修路，他的主要工作就是監督工人們工作。

為了激勵工人們工作，他總是準時到達現場，和他們一起做。第一天，他們開闢一條六英尺長的道路，這簡直就是一個奇蹟。這條道路確實很狹窄，而且很危險，馬車根本無法通過，但是獨輪車可以通行。這是一個偉大的工程，他的精神值得我們學習。由於他的正確指導，這條道路才可以順利完工。附近的居民聽說這件事情，被他不屈不撓的精神震撼了。

在後來的日子裡，約翰做出很多有意義的事情。他帶領工人們開闢很多道路，修建很多橋樑，建造磨坊。他把開墾以後的土地分給農民們耕種。為了多收糧食，他引進先進的技術，每年至少可以種植兩季農作物。他買了一些獎品，如果哪家農民做得好，就會獎勵他們。這樣一來，可以激發農民耕種的積極性。他帶動整個地區的發展，農民們受到他的影響，也具有創新的精神。貧窮落後的凱瑟尼斯郡在他的帶領下，變成交通便利、農業和漁業共同發展的富裕鄉村。

受到當時條件的影響，郵差每個星期只送信一次。那個時候，約翰很年輕，但是他已經下定決心，為了方便民眾，一定要解決這個問題。「每天都會有人駕著馬車往返瑟索送信」，他要把這個想法變為現實。附近地區的人們不相信，他們認為約翰不可能做到。經過他的努力，政府終於設立一種制度：郵差每天必須到瑟索收送信件。類似的制度也在其他地方實現，他為人們做出很大的貢獻。

英國羊毛的品質好，得到人們的好評。可是約翰發現，羊毛的品質越來越差，如果長期這樣，英國羊毛就會退出市場。那個時候，他只是一個普通的鄉村紳士，但是他已經下定決心，要盡自己最大的努力改變現狀。透過他的努力，英國針對此事成立羊毛協會。他自己出錢，從國外買回八百頭綿羊，主動承擔調查工作。

經過調查，他發現南方的羊可以運到北方飼養。這個想法受到牧羊人的反對，他們沒有經歷這樣的事情，所以覺得這個想法不可行。約翰沒有因此放棄，反而更堅持自己的想法。過了幾年，在北部農村，他成功引進三十萬頭切維厄特羊。牧場的面積越來越大，蘇格蘭人因此獲得很多利潤。

過了不久，約翰離開凱瑟尼斯郡，又回到議院。在那裡，他充分把握每個機會，做出很多實際而有意義的事情，他在這個職位上三十年。皮特先生瞭解到，他為公眾事業做出巨大貢獻。皮特先生非常敬佩他，邀請他到家裡做客。皮特先生對他說：「如果有困難可以告訴我，我會盡最大努力幫助你。」但是有些人不認為約翰偉大，在他們的眼裡，約翰做這些事情是為了榮譽和地位。約翰真誠地回應此事：「我做這些事情，沒有任何私心。我很感謝皮特先生，如果沒有他的幫助，全國農業協會不可能成立。」

亞瑟・楊聽說約翰要成立農業協會，覺得很不可思議。約翰沒有理會他，更積極地工作。他公布自己的這個想法，讓廣大民眾關注此事。與此同時，他公布支持自己的議員名單。他終於成功了，農業協會成立以後，他被推舉為農業協會會長。農業協會促進英國農業的發展，荒廢的牧場被重新改造為農場，大量的荒地被重新利用，英國的農業得到快速發展。

約翰在漁業方面，也做出很大的貢獻。他努力很多年，終於實現自己的想法：在維克建造一個港口。後來，這裡發展為重要的漁業城鎮，在全世界非常有名。透過他的努力，管理英國工業的重要部門在瑟索和維克相繼建成。約翰非常努力，把自己的精力投入到各種工作中。他的精神影響很多人：懶惰的人改掉壞習慣，從此勤奮工作；對未來充滿希望的人，更堅定自己前進的方向。

約翰聽到法國要入侵英國的消息，決定用自己的錢成立一支部隊。他來到北部，招募六百個士兵，過沒多久，增加到一千人。他的愛國精神和高尚品格感染所有士兵，雖然這支部隊沒有經過正規訓練，仍然是一支非常優秀的部隊。除了練兵，他也身兼數職：農業協會會長、羊毛協會會長、漁業協會會長、蘇格蘭銀行行長、國庫債券發行專員、凱瑟尼斯郡議員、維克市市長。

他在做這些公共事業之外，最喜歡做的事情就是寫作。多年以來，他編著很多書，稱他為作家也不過分。有一次，美國大使拉什先生來到英國，詢問科克先生，關於農業方面的著作，哪本書最好。科克先生向他推薦約翰・辛克萊的著作。范斯塔特先生是國庫債券的管理者，拉什先生問他，關於英國的財政，哪本書最好。范斯塔特先生向他推薦約翰的《國家財政收入的歷史》。這本書有二十一卷，在所有關於英國財政的書籍中，是最具有現實意義的著作。約翰以公共事業為重，這本書是他用空閒的時間完成的，所以寫了八年，其中凝結他的心血和汗水。這本書出版以後迴響很大，他收到兩萬多個讀者的來信。

約翰寫這本書不是為了賺錢，他把這本書帶來的利潤全部捐給蘇格蘭牧師協會，這只是他的一種愛心行動。這本書出版以後，公共事業得到迅速發展。校長和郊區牧師的薪水提高，蘇格蘭的農業更興盛，政府廢除幾項壓迫人民的封建特權。

一第5章一

你的責任，就是你的使命

責任是一個人的使命，是一個人的人生方向和前進動力，它賦予一個人做人的意義。

做人要有責任感

真正的英雄，幾乎不存在於我們這個時代。我們為什麼沒有從英雄的身上繼承衣缽？那些為責任大聲宣揚的偉人也會偶爾出現，可是他們的聲音很微小，就像一望無際的草原上，嬰兒的一聲啼哭，不會有人聽到。德・托克維爾就是這樣的悲劇人物，他的命運很悲慘，被監禁、被放逐，最後被剝奪自己的公民權。在給克爾格雷的信中，他如此寫道：「我會和你一樣，為守護責任和任務付出代價，可是我會自願地堅守到底，在阻礙面前表現出更多活力。對於與我們一樣癡迷於自己責任的人是否還存在，我的答案是否定的。只有為了人類的利益這個目標，我們才會付出畢生的代價。」

仁厚如德・托克維爾這樣的人，也有許多無法容忍的東西。他曾經這樣說：「有些人願意為自己看不起的普通人服務，可是有些人是滿懷對同胞的愛，才會為他們提供良好的服務。前者會在恪盡職守中表露出鄙視的感情，讓自己的行動有所保留，人們不會對他們表示感激和信任。在我看來，自己是屬於後者，儘管它更難於執行。對於許多人卑劣和無知的行為，我表現出討厭和厭棄的感情；對於我的同胞和人類，我懷有真心的愛。」

法國在路易十四執政以後的這段時間，戰爭的硝煙四起，充滿好戰的情緒。那些挺身而出，對此進行抗議和抵制，並且批判戰爭與騷動的人，都是誠實和對人類負責的人。他們到處進行宣傳和號召，以自己的親力親為教導別人。這些勇敢者之中，就有聖・皮耶牧師，他敢於在公開場合，對路易十四的好戰行為進行責罵；對於君主是偉大的這個荒誕的說法，他給予批駁，已經不顧自己的生命安危。這位主張世界和平的牧師，也因此失去學院裡的職務。他獨自來到烏特勒支，那裡有定期的神職人員大會，他參與其中，並且做出主張和平的發言。他是一個忠實的人，滿懷熱情，極力為和平事業進行宣傳。對於這位牧師的計畫，杜邦主教稱其為「誠實人的夢想」。只有福音書中才會存在這位牧師的夢想，牧師不具備把耶穌的仁愛精神用作減少人類戰爭和恐懼武器的能力。基督教國家會定期舉行神職人員大會，牧師們透過這種呼籲來感染人們，讓自己宣傳的信仰可以實行。這樣會有用嗎？牧師的話，在那些身居高位的君主眼裡，只是毫無作用的呼籲。

為了讓自己的想法可以被人們認同，在一七一三年，聖・皮耶公開發表自己的計畫——「永久和平計畫」。計畫中，他提出由各國代表組織成立歐洲議會或是歐洲參議院，這個組織對每個國家的國王決議進行約束。在這個組織中，人們可以自由發表意見，找到合理解決問題的方法。這個計畫發表以後，時間過了八十年，威爾登問：「什麼是民族？民族是由社會和全體公民組成的。什麼是戰爭？戰爭是人們之間的決鬥或是爭搶。社會應該如何處理人們之間的爭執？應該給予制止，進行調解。在聖・皮耶教士所處的時代，這些想法只是夢想。令人可喜的是，現在它逐漸被實現。」可是，威爾登這個美好的預言沒有實現。法國在五年以後，經歷許多戰爭的劫難，這場悲痛的苦難從來沒有過。

牧師沒有停留在空想的層面，他是一個善良的人，提出許多在以後得到實現的改革措施。他創辦技術學校的初衷是：讓貧苦的孩子受到良好的教育，學習有用的知識，長大以後憑藉所學技能獨立生活。對於決鬥、浪費、賭博、隱居，牧師堅決地予以反對。

對於塞格雷著名的話，他如此複述：「只有心靈病態的人，才會癡迷於隱士般的生活。」

為了幫助那些貧窮的孩子，他拿出自己所有的收入，想要永遠幫助那些貧窮的孩子。對真理的熱愛和對自由的追求，貫穿他的一生。他在八十歲的時候說：「如果人生如同抽獎，我應該抽到不錯的獎項。」伏爾泰問臨死前的牧師：「你在想什麼？」牧師回答：「人生如同一場旅行。」牧師的敵人們忌恨他生前對社會醜惡現象的抨擊行為，不允許他的繼承人，也就是學院派首領莫泊桑致悼詞。他去世三十二年以後，達隆巴特也不被允許去紀念他，他沒有得到應該有的榮譽。這就是一個敢於說真話、崇尚真理的牧師的一生。

牧師的墓誌銘寫著：「他懂得愛。」

誠實守信，是立足社會的資本

盡職盡責和誠實的品格密不可分。盡職盡責和誠實的品格，總是同時出現在一個人身上，這些人說到做到，從來不失信於人。在切斯特菲爾勳爵看來，自己可以獲得成功，是因為擁有誠實這個最高尚的品格。**「誠實比一切更重要」——這是勳爵的名言，人們牢記於心**。對於處於同一時代，最純潔高尚的紳士福克蘭先生，克拉倫敦這樣評價：「他很誠實，如果他說謊，就像偷東西一樣，會變得心神不定。」

對於自己的丈夫，哈金森夫人說：「他如果不想做的事情，一定不會說出來，他的誠信是值得信任的。對於那些自己無法完成的事情，他絕對不會答應。對於那些能力範圍以內的事情，他一定會說到做到。」

誠實的品格，在威靈頓身上也非常明顯。有一次，他罹患很嚴重的耳疾，請來一位出名的耳科醫生，為自己進行診治。這位醫生使出渾身解數，但是沒有任何療效。最後，醫生在他的耳內注射氫氧化鈉，他產生巨大的疼痛感，卻還是保持鎮靜的態度。有一天，醫生偶然路過他家，發現他行動不穩，就像喝醉一樣，而且眼睛裡都是血絲，兩腮紅腫不堪。這個時候，醫生立刻檢查威靈頓的耳朵，他發現，炎症已經變得更嚴重，如果無法控制病情，就會傷害大腦，最後可能導致死亡。後來，雖然及時控制病情，可是他的那個耳朵無法再聽到聲音。

這件事情讓醫生感到害怕，這是因為自己使用藥物劑量過大而造成，所以他立刻趕往威靈頓家致歉。威靈頓平靜地說：「不必再說了，你已經做了自己應該做的事情，盡到自己的責任。」醫生擔心地說：「如果別人知道你受到這麼大的痛苦，再也不會有人找我治病，最後只能破產了。」威靈頓說：「這件事情，我不會告訴其他人，你可以安心了。」醫生說：「你的意思是，我可以像以前那樣為你看病嗎？你還會信任我嗎？」威靈頓帶著友善的口氣堅定地回答：「我不會接受，我不會做出欺騙自己良心的事情。」他不會說一句假話，也不會在行動上作假。

言出必行是勇士的行為，在守信這一點上，普魯士陸軍元帥布呂歇爾可以作為典範。

一八一五年六月十八日，在崎嶇的山路上，他率領軍隊急速前行，那是為了趕往威靈頓那裡對他進行支援。戰機不容錯過，可是連續奔波和路途難行讓他的軍隊行進受到影響。他焦急地鼓勵士兵們：「加油，快一點，孩子們。」士兵們乏力地回答：「我們盡力了，這是最快的速度。」他說：「可是孩子們，時間不等人，任務確實非常艱鉅，我們必須準時到達。威靈頓還在等待我們的支援，我們絕對不能背棄承諾。」在他的感召下，士兵們最終準時完成任務。

想要在社會上立足，必須具備誠實守信的品格。如果沒有這個保障，人心就會變得渙散，秩序也會變得混亂。對於家庭與社會的和睦，虛偽、背叛、謊言都會對其產生不良的影響。有人這樣問湯瑪斯：「你從來沒有說過謊話嗎？」湯瑪斯回答：「當然沒有，虛偽的東西是不合理的存在。人類活動的所有關係的總和組成社會，想要社會可以正常運行，必須具備誠實守信的基礎。」

在所有的惡行中，說謊是最卑劣的行為。道德的敗壞衍生謊言，它的周圍遍布邪惡，表現出怯懦和心虛。對待說謊，有些人不會感到愧疚，會為了獲得利益而說謊。更可怕的是，他們會放縱傭人的不誠實行為，所以面對傭人的謊言，他們沒有什麼好說的，這是他們埋下的惡因。

哈里・沃頓先生舉出一個例子：有一位出國執行任務的大使，他以前是一個誠實的人，可是為了國家利益而說謊。對於這位大使的行為，詹姆士一世很生氣，因此不再重用他。沃頓先生對誠實推崇有加，他曾經這樣寫道：「他的最好武器就是誠實。他的人生之道，就是規矩做人。」

外交手段、人生策略、權宜的考慮、道德的質疑，都是說謊的表現途徑。在不同的社會階層，也會有不同程度的表現形式。有些謊言表達含糊，讓人們無所適從，產生錯誤的判斷。這種說話方式，就是法國人說的「圍著真理打轉」，就是不說實話。

虛偽無法長久被遮掩，一言不發或是口若懸河都會暴露，內心的虛偽不會被高明的偽裝和狡猾的掩飾而隱藏。假意的贊同是虛偽的表現，只說不做是最徹底的虛偽。在必須展露真相的時刻，保持沉默就是虛偽。心口不一也是虛偽，那些雙面人只是在自欺欺人。那些騙子可以在一時蒙蔽別人，可是天性虛偽的人永遠無法獲得別人的信任，最終只會得不償失。

人們會在虛榮心的迷惑下忘記自己的本性，把成就拿出來到處誇耀。有些人毫無羞恥心，剽竊別人的成果。真正誠實的人，不會自吹自擂，四處炫耀。威靈頓在印度取得輝煌的成就，這個消息傳到臨死前的皮特耳邊，他說：「我經常聽到他的輝煌成就，對於他的誠實和謙虛，我更加欽佩。他不會誇耀自己的功勳，這份榮譽他當之無愧。」

人生之路，因為責任感而變得平穩

每個人都無法逃避責任這個義務，只有認真履行自己的責任，才可以獲得自己的財產和維護自己的聲譽。在人們的一生中，應該毅然地完成自己的義務，義務就是無法推卸的責任。

人生的開始到結束階段，這段時間一直被責任包裹。對於家中的父母，孩子應該對他們盡到責任和義務。與之相同的是，對於孩子，父母也應該盡到自己的責任和義務。責任和義務在夫妻和主僕之間不可缺少，在社會中的人們相互之間都有自己的責任和義務。

聖保羅說：「每個人要以恪盡職守為應該盡到的義務。應該獻禮的時候，就應該獻禮。應該提供勞役的時候，就應該提供勞役。應該畏懼的時候，就應該畏懼。應該表達尊敬的時候，就應該表達尊敬。人與人之間應該互相友愛，對於任何人，不應該予以虧待，每個人的本性都有愛的存在。」

來到這個世界的時候，人類應該履行自己的責任和義務，而且必須不停地履行，至死方休。人類應該盡到的責任遍布生活的各個角落，對於人類生活來說，責任和義務是與生活不可分割的存在。無論地位高低，每個人都是同樣普通的。對於自己的責任，我們應該利用上帝賦予的所有能力與方式來履行，這樣做不僅是為了自己，也是為了別人，這種行為可以給別人帶來幸福。

人類最基本的品格與最高尚的榮譽，就是具有持久而優秀的責任觀念，這種觀念是每個道德高尚的人都會擁有的。如果失去持久的責任觀念，就會在誘惑面前失去自我，也會在逆境面前變得膽怯。最軟弱的人具有持久的責任觀念，面對逆境的時候，可以表現出堅強的一面，毫不退縮。在利益的誘惑下，也可以對其加以抗拒。傑克遜夫人說：「道德的大廈是由責任連接起來。人們的能力、善良、聰明、自尊、正直，以及對幸福的孜孜以求，都需要責任的存在才可以保留。如果缺少責任，對於人類的生存結構而言，將會是毀滅性的打擊，最後人們只能在廢墟裡哭泣。」

人類的正義感是責任的源頭，人類因為自愛而獲得正義感。人類善良與慈愛的根本，就是自愛的感情。對於責任來說，它不屬於人類的思想感情，它是一個主導生命的原則。人類所有的行為和活動中，從開始到結束，這個原則都會存在。人類的自由意志和道德良心，都會影響這個原則。

一個人的道德，會在履行責任的過程中得到展現。那些天賦優秀的人，也會因為失去道德規範而變得迷茫。人類的行為受到道德的指導，想要變得誠實和正直，只能依靠自己的意志。所以，人類心靈的道德被良心統治，人類的行為端正、思想高尚、信仰正確、生活美好都是良心的作用，人類高尚和正直的品格也由此得以流傳。

只有透過堅強意志的支持，良心才可以完全表現出作用。人類的意志飄忽不定，在是非之間搖擺，那些停留於意識上而無法實現的行動，不會對現實有所影響。如果一個人可以果斷行事，並且擁有很強的責任觀念，他的意志會因為良心的支持變得頑強，這樣會使他奮力向前，不畏困苦地實現理想，即使沒有成功也不會後悔，因為他用盡自己所有的力量。

海恩澤曼說：「可憐的年輕人，加油吧！你周圍可能有些人向別人諂媚，由此獲得升遷；有些人欺騙別人，有些人表現不忠誠，這些人因此短期之內變得富有，可是你不能變成道德敗壞的人，要堅持自己的尊嚴，保持自己的清白，要保持內心的寧靜，不要因為那些依靠奉承取得許多成就的人而感到痛苦。為了名利，有些人尊嚴無存，你要與世俗的壓力鬥爭，不要被敗壞的環境侵蝕。只有堅持不懈地鍛鍊自己，才可以獲得高尚的品格。你要生活在有共同理想的朋友周圍，要依靠自己的勤勞工作和生活。隨著歲月的流逝，你的身上也會刻上歲月的年輪，可是在時光的隧道裡，你的品格永遠是最耀眼的存在。你可以泰然無悔地接受上帝的召喚，毫無牽掛地離開人世。」

一個品格高尚的人，會犧牲自己珍愛的一切來履行責任。這種崇高的獻身精神，被遠古時期的英國人寫在愛情詩句中：「寶貝，我是真心愛你的，這份真愛只對你才有。」

賽多曾留說：「那些品格高尚的人可以取得勝利，是因為他們擁有的道義和氣節。他們在生死關頭，也不會露出卑劣的一面。」在責任與信仰的鼓舞下，聖保羅說：「我已經做好被抓捕的準備，不僅如此，我也願意為耶路撒冷而死。」

義大利國王為了讓斯帕卡納侯爵放棄其熱愛的西班牙事業，對他進行迫害。侯爵的妻子在寫給侯爵的信中說：「不要因此失去氣節，與巨大的財富相比，高尚的氣節更為珍貴。在它的面前，顯赫的名聲與國王的王冠只是浮雲。親愛的丈夫，你不會被利益誘惑。這一點，我深信不疑。你的浩然正氣是我最大的光榮，它也是你留給後人的珍寶。」侯爵夫人有一般人沒有的見識。在她看來，名氣與氣節相比，後者更珍貴難得。

斯帕卡納侯爵在妻子的鼓勵下泰然處之，最後在巴維亞英勇犧牲。在他死後，侯爵夫人還是一個美麗的年輕女子，追求者川流不息地登門拜訪，可是對於這些慕名而來的追求者，侯爵夫人不屑一顧。丈夫的浩然正氣深藏於她的心中，這股正氣鼓舞她，也讓她無法有地方容納別人。她願意為了憑弔侯爵獨守空房，忍受寂寞，而且也藉此來祭奠侯爵偉大的人格。

我們從生到死，一直與責任為伴。它讓我們只做好事，不做壞事。在兒童時期，對孩子們進行訓練指導，讓他們受到良好的影響，進而走向行善之路。

走出家庭以後，它讓我們給予別人幫助。主僕之間互相都有責任，對鄰居、故鄉、國家，我們都有責任。對所有人履行的義務，我們都承擔非常大的責任。一個人想要過著真實的生活，就要瞭解什麼是責任，並且在行動中加以運用。

人類社會中的社會權利規定，對於自己的責任，人們應該遵照履行，社會隨著責任感的消失而走向滅亡。

華特・史考特爵士說：「人類會隨著互助的消失而滅亡。我們可以生存下來，都是彼此之間互助的功勞。幼兒時期，有母親幫忙包紮孩子的頭。有一些友善的人，為我們驅走死神的疾病。所以，對於那些需要幫助的人來說，他們有權利向同伴請求幫助，只要是有能力幫助的人，想要問心無愧，這些人都會提供幫助。」

在我們的最高責任中，樹立一個好榜樣就是其中之一。與訓導相比，榜樣更具有說服力，它是男女品格最好的創造者。高尚的生活是一種最好的宣傳，給後人留下的最寶貴的遺產，就是崇高的榜樣。一個人對後代的幸福最有價值的貢獻，就是做出高貴品格的榜樣。

我們的人生之路，因為責任感而變得平穩。它幫助我們去理解別人，也讓我們學會學習和服從命令。我們可以走出困境，與誘惑抗爭和奮鬥不止，都是因為責任感賦予我們力量。在它的幫助下，我們變得誠實和仁慈，成為真實的人。

我們可以由所有的經驗得到這樣的結論：我們是懂得自我塑造的人。我們抗拒惡行的衝動，努力地朝向善行而去，我們終究會成為行善之人。這個奮鬥會在不斷的堅持下變得容易。有付出就有回報，所有結果都是你努力之後的收穫。

勇敢的人會因為責任而有力量

勇敢者不能缺少責任感，這是支持他的強大力量。在它的幫助下，勇敢者更堅強挺立。面對前所未有的暴風雨，龐貝果斷決定帶領人們乘船直向羅馬而去。有一個朋友勸他不要去，這樣的暴風雨太危險，會讓人喪命。面對朋友的規勸，龐貝堅決地說：「我不能只擔心自己的性命，我必須立刻啟程。」即使面對艱難險阻，只要他認為那件事情是對的，就會毫不畏懼。他說：「狂風暴雨和生命安危，怎麼可能阻止意志和勇氣？」

「堅守責任」是威靈頓公爵的座右銘。對於自己的責任，他非常負責地履行。為了堅守自己的責任，威靈頓公爵不僅失去名譽，也為此遭受各種磨難。在倫敦的大街上，他曾經被一群人圍攻，暴民們把他家的窗戶砸碎。那個時候，他的妻子剛死不久，屍體還放在屋裡。他曾經這樣說：「人們在一生中追求的就是履行責任，這也是我們唯一的精神寄託。」這樣心甘情願地履行責任的人，除了他以外，很難找到了。想要讓別人履行責任，首先必須確保自己可以履行責任。艾希·迪安說：「如果我可以履行責任，那些旁觀者們，也會自願地履行責任。」

有一位軍官因為自己的軍銜太低而覺得不光彩，他認為自己的功績比軍銜更高。這件事情被公爵知道，他說：「我在軍隊的日子裡，也有降級的時候，由旅長被降為團長，甚至做過分隊的指揮官，可是我認為任何的任命都是光榮的。」

在葡萄牙，威靈頓指揮盟軍進行戰鬥，他認為在戰爭時期，本國人的生活行為不合時宜，這在他的眼中，就是沒有履行責任的表現。威靈頓說：「我們滿懷熱情，到處都是歡呼聲。每個地方都可以看到慶祝宴會，洋溢歡慶的氣氛。可是這個時候，我們最需要的是每個人對責任的嚴格遵守，每個國家的人民都應該服從法律的權威。」

威靈頓性格中的重要之處，就是永遠不放棄責任。在他的心中，責任是最高的存在，對於公共事務，他表現得更關心。他的部下受到他的影響，士兵們也與他一樣關心公共事務，並且忠於自己的義務。在滑鐵盧戰役中，有一次，威靈頓騎著馬，來到步兵訓練場，他對一個士兵說：「年輕人，站好！你認為，英國人會怎樣看我們？」這個士兵立刻回答：「沒有什麼害怕的，長官。對於我們神聖的責任，我非常瞭解。」

對於恪盡職守的思想，納爾遜把其看得比任何事物更重要，他在為國家服役的時間裡，一直堅持這種思想。他有一句名言：「對於英國來說，它希望每個公民都可以恪盡職守。」這句名言是他在特拉法加海戰的時候對全體官兵說的，他的諾言用自己的行動實現了。在臨死前，他說：「我已經盡自己所能，感謝上帝吧！」

科林伍德擁有質樸的心，而且是一個勇敢的人，他是納爾遜的朋友。在海戰中，他搭乘的戰艦被擊中，他在戰艦即將沉沒的時候對艦長說：「在英國，我們的妻兒也在這個時刻走向教堂。」科林伍德是一個熱情的人，並且滿懷獻身精神。對那些剛報到的新手船員，他總是這樣說：「對於自己的責任，要付出所有的精力去完成。」他用這句話對人們進行鼓勵。

對一個見習船員，他說過一些高尚而有理的見解：「你可以依靠的，只有你自己。自己的努力才可以讓自己進步，才可以讓自己獲得內心的安寧。對待自己的工作，要抱持精益求精和細心的態度。對任何人都要表現出合理的行為，要牢記：『謙虛使人受益，驕傲讓人受害。』對工作和責任盡心盡力，對別人表現友善，平等待人。這樣一來，不僅人們會尊重你，上司也會對你表示重視。」

恪盡職守，是大不列顛民族的顯著特點。在特拉法加海戰的時候，納爾遜對立刻就要打響的戰役提出口號，他說的不是為了榮譽、勝利或是正義、國家這些口號，他是以責任為口號鼓勵人們。

在非洲海岸，「伯克哈德」號觸礁了，船在慢慢下沉，船員們把婦女和兒童送上救生艇。在此之後，船員們向天空開槍致意，然後隨著巨輪一起沉入海底。在希萊頓市，一個叫做羅伯遜的人說：「英國人最尊貴的品格，包括仁慈、責任、犧牲。她的心中，都是正義和道義，懷著永遠不退縮的信心。她沒有任何修飾，外表並無優雅之處。對於歌曲的美妙程度，她也難以區分，可是上帝給她寶貴的財富。她懂得教育孩子，她指導孩子與風浪鬥爭，她教導孩子面對鯊魚襲擊的時候應該如何做，她的兒子從那裡學到生存的本領，可是她沒有因此表現出得意的神情。在她看來，這是自己的責任。對演員，她不會表現出崇敬之情，在她的眼裡，那些真正的英雄是與演員不同的。」

認真負責的威爾遜

在恪盡職守、誠實守信、努力工作的人之中，喬治．威爾遜顯得特別突出。在愛丁堡大學擔任技術教授的時候，他表現得非常出色，盡職盡責、熱情工作、勤勞，而且積極樂觀。

威爾遜的人生充滿磨難，可是他表現得積極樂觀、勤奮努力，並且對於困難展現出無畏的勇氣。他小時候活潑好動、聰明有加，卻是一個體弱多病的孩子，十七歲的時候罹患憂鬱症和失眠症，在他看來，這是脾氣暴躁帶來的惡果。他對一個朋友說：「我不會活得太久，我感到身心俱疲，身體就要撐不住了。」這句話出自一個年輕人之口，多麼讓人痛心！他雖然對身體的照顧不注意，可是在學習上，卻表現得很刻苦，因為參加各種競賽，所以讓大腦變得過於疲憊。這個時候，他的身體無法承受強度太高的體育鍛鍊。最後，他只能放棄讓自己疲憊不堪的高原行走，選擇從事腦力工作。一位捕鯨隊長對威爾遜說：「上帝會祝福你，所有事物都會被你偉大的精神力量戰勝。」

在一次史特靈附近的步行強化訓練中，威爾遜的左腳受傷了，他永遠地失去左腳。然而，他還是繼續教學和演講，熱情不減地努力工作。後來，他罹患風濕病，而且很嚴重，雙眼紅腫，醫生要他在酷熱的環境下治療，吃秋水仙的種子用以散寒，可是他覺得，這是難以忍受的。

他無法寫作，所以只能盡力為演講做準備，他會經常在妹妹面前演講，以此來練習。他被毫無休止的痛苦折磨得無法入睡，可是肺部的疾病更加重他的負擔。面對病魔，威爾遜沒有屈服，雖然要付出巨大的精力，他還是堅持每個星期去愛丁堡大學，在那裡為學生們演講，從來沒有缺席。每次演講回來，他都要忍受無法入睡的折磨。

二十七歲的時候，他每個星期會花費十幾個小時在演講上。在他的身上，可以清楚地看到水皰的傷口，這些水皰被他戲稱為「知心的朋友」。他已經感覺到自己不久於人世，在給朋友的一封信中，他寫道：「不要覺得意外，我會在某天早上靜悄悄地離開這個世界。」在他的話語中，無法感受到任何悲傷和痛苦。他一如既往地工作，散發出無窮的活力。他說：「只有隨時考慮死亡的人，才會活得更精彩出色。」

在肺部缺血、身體衰弱的情況下，威爾遜被迫停止工作。可是只經過一個星期的調養，他立刻繼續工作。他開玩笑地對朋友說：「水又從井裡冒出來了。」他還是繼續演講，即使疾病已經很嚴重，咳嗽會讓他疼痛難當，他也沒有放棄。有一次，他因為腳傷而摔倒，爬起來的時候，又把肩膀弄到骨折。面對接連不斷的打擊，威爾遜沒有逃避，他在挫折的磨礪下變得更堅強，從這些疾病和痛苦的磨難中重新站起來。

此時，他不再被病痛折磨，也沒有煩惱與憂愁，全身被愉悅、耐心、毅力包裹。歷經磨難以後，他變得心態平和，每天的工作充滿精神。他的經歷讓人們為之鼓舞，可是只有他自己明白時日無多。他不願意朋友和家人為自己的病情而難過，他擔心的只是如何向家人隱瞞自己的病情。他說：「陌生人讓我沒有壓力，我的時間不多了，可能就是幾天之內的事情吧！」

他還是繼續給建築學院和美術學院的學生上課。有一天，他來到美術學院上課，下課的時候，他躺下來休息，血管突然破裂了，他也因此驚醒。破裂的血管大量地出血，他知道自己的死期就要到了。可是，他就像平時一樣，安然地走上講台，用驚人的毅力支撐自己上完兩堂課，完成自己應該盡到的責任。他因為過度勞累，導致二次出血。每次出血以後，他都要面對無限的絕望，還有無窮的悲涼。他努力讓自己恢復冷靜，坦然接受死神的召喚。這次出血以後，他變得非常虛弱，可是頭腦很清醒。他知道，在這個夜晚，自己就要離開這個可愛的世界。可是奇蹟出現了，他堅強地活下來。在此之後，他擔任重要的公共職務，成為蘇格蘭工業博物館的館長，也因此要付出比上課辛苦百倍的勞動。

從此以後，他把自己剩下的精力花費在這個自己稱其為「可愛的博物館」上，收集各類模型和標本。在業餘時間，他會去貧民窟兒童免費學校、貧民窟兒童教堂、醫學界傳教協會，給孩子們上課和演講。他沒有讓自己的身體與精神休息，他的人生目標是——工作到人生的最後一刻。他有永遠不放棄的精神，可是他的身體無法負擔這個重任。他的肺部還有胃部再次出血，他只好住院休息。他寫道：「這樣過了大概四十天，這段齋戒的時光，真是令人感覺恐怖！從阿拉伯半島過來的寒風讓溫度驟降，寒氣襲人。我是被囚禁在寒冷中的囚徒，肺裡好像生了一根冰柱，讓我一會兒冷，一會兒熱。我幾乎沒有力量可以咳嗽，每次咳嗽之後，都會吐血。我的臉像紙一樣白，身體沒有溫度，如同冰塊一樣冷。現在，我要準備做最後一次演講，我再次活過來，我要對上帝表示感謝。明天，我會給藝術系的學生上最後一堂課，我會在那裡完成自己的使命。」

「我還有多少時間？」這是威爾遜思考的問題。「我的精力已經枯竭了！」在很長一段時間裡，他沒有精神，全身無力，無法再進行工作。現在，他寫一封信也會覺得困難，他認為自己除了躺著睡覺，什麼事情都做不了。不久之後，他為主日學校寫了演講稿，題目是《論知識入門和五種方法》。最後，他將演講稿擴寫成一本書。為此，他付出常人難以付出的精力。身體恢復一些以後，他再次走上講台，為學生們講課，也參與其他工作。在給兄弟的信中，他寫道：「在別人看來，我可能顯得不太正常。我曾經草率地說，會給哲學系的學生做演講，是關於光的偏振問題。可是我沒有履行這個演講的承諾，我非常想要完成這個承諾，這是我的家庭傳統要求的，它認為我應該這樣做。」

病痛的折磨，讓威爾遜無法入睡，忍受痛苦的纏繞。他不停地咳嗽和吐血，身體因此變得更虛弱，也因此變得心神不定。他說：「只有在演講的時候，我才不會感到痛苦。」在這種被疾病弄得身心俱疲的狀態下，他依然表現出驚人的毅力，開始寫作《愛德華・福布斯的一生》。他這次寫作，也像平常一樣認真。每天，他還是進行演講，繼續上課。在生命的最後日子裡，他去教師協會，進行一個關於技術科學教育價值的演講。他在台上講了一個小時，然後問台下的聽眾：「是否還要繼續？」聽眾對他的演講報以熱烈的掌聲，請求他再演講半個小時。他寫道：「我會在聽眾面前精神飽滿，我也覺得很驚訝，好像在手中握有可以隨意塑造的黏土，這樣巨大的力量，確實是責任感賦予的。」

「我的初衷不是為了獲得聽眾的表揚，可是我會盡力讓聽眾滿意。讓聽眾失望，是我不願意看到的事情。高高在上的稱讚和名譽，不是我追求的東西，我會毫不鬆懈地努力去做，不讓聽眾失望，這就是我希望做到的事情。在我看來，責任重於泰山，它是我的心中最崇高的存在。」

以上的話，是在他死前四個月寫的。後來，他又進行補充：「我的生命已經無法用年來計算，現在只能用星期加以標注。」他的咳嗽不停，而且經常帶著血，他也因此疼得難受，精力逐漸消散，可是即使這樣，他還是沒有放棄演講。朋友建議他找人來照顧自己，他在得知這個建議以後，不禁笑了起來。在他看來，工作與生命緊密相連，自己怎麼會要人來照顧？

一八五九年的一天，威爾遜在愛丁堡大學演講，結束以後準備回家。這個時候，他的胸部發出一陣難以承受的痛苦，他失去上樓的力量。醫生立刻對他進行檢查，結果是：肺部和胸膜發炎。面對疾病的嚴重侵蝕，他的身體再也無力抵抗，最終安靜地倒下來。在臨終以前，他寫道：「淚水不會與死亡相伴。明天，太陽還是會升起，被痛苦纏繞的一生，終於可以獲得解脫。」

《喬治・威爾遜的一生》是威爾遜的妹妹傾注感情的作品，書中都是深情的話語。威爾遜長期遭受病痛的折磨，在這本書裡得到詳細的描寫，它向人們展示一位勇士，一位不屈不撓地與病魔鬥爭的勇士。這位勇士不僅有非凡的意志力，還有讓人敬佩的責任感，許多人被他的精神鼓舞，這樣的作品在世界文學史上也是少見的。威爾遜先生的生平與他的好朋友約翰・雷德博士非常相似，都是與病魔進行艱苦卓絕的鬥爭，並且藉此樹立自己生命的豐碑。

在約翰・雷德的回憶錄中，威爾遜寫了一段話：「你的勇敢、樂觀、誠實的精神鼓勵我，我會以你為榜樣。我們會因為你的存在而感到自豪。你帶著我們無盡的思念離開，世人會對你的謙恭忠厚表達出發自內心的敬佩。你可以承受一般人無法忍受的痛苦，你的意志像鐵一樣堅硬。你的一生平和並且安詳，可是卻太過匆忙。」

盡職盡責的華盛頓

華盛頓之所以偉大，就是因為盡職盡責的精神讓人感動。他堅定的性格和不屈的品格，就是由莊嚴的使命感鑄成的。華盛頓明確自己的責任以後，義無反顧地投身到上帝賦予的使命中，最後完成這個崇高的任務。他認為自己的付出是應該的，是為了正義的事業，不是為了榮譽和獎勵，而是自願地奮鬥到最後。

謙遜是華盛頓具有的美德，他再三推辭人們推舉自己擔任軍隊最高統帥的職務，最終在難以拒絕之時才同意擔任。國家與民族的前途和命運都是由他掌控，對於這個重要的職務，他沒有表現出任何驕傲。他知道不能辜負人民的信任，這份責任是重要的。華盛頓說：「我會把它牢記在心，不會讓名譽受到任何不幸事情的影響。在今天，我向人們鄭重地宣布，我認為自己的能力無法適應這個統帥的職務，我有些不夠資格。」

華盛頓在給妻子的信中，說到自己被任命為最高統帥的事情。他說：「對於這副重擔，我實在不想接受，其中有我想要留在家中的原因。可是最重要的一點是：我覺得自己的能力不足以應付這個重大的責任。我寧願和你們待在一起享受生活，可是命運對我進行安排，我也被使命召喚，為了正義的事業，我甘願獻身。我如果拒絕接受這份任命，就會讓朋友失望和痛苦，也會失去自己的榮譽。但是我接受以後，就無法守候在你的身邊。對於這一點，讓我難過並且不安，我在你心中的地位會因此下降嗎？」

華盛頓先成為陸軍總司令，後來又當選美國總統，他的畢生精力都用在正義的事業上。無論擔任何種職務，他都會嚴格履行責任，為之辛苦也不會抱怨，卻因為事業而受到威脅。在一次會議上，談到是否批准傑伊先生和英國的條約，人們進行激烈的爭執。在大多數人看來，華盛頓不應該簽署這個條約。可是他沒有聽從大多數人的意見，為了個人的道義，還有國家的榮譽，他選擇簽署這個條約，因此成為人們發洩怒火的對象，甚至遭到人們丟來的石塊襲擊。可是華盛頓還是堅守自己的責任，簽署這個條約。即使受到多方阻撓，這個條約還是順利地通過。面對那些抗議者，華盛頓說：「我不顧人們的反對，固執地簽署這個條約，這是出於對國家的忠誠，也是我內心的道德規章的指示。」

如果你遭到苦惱與失望的困擾，由此變得心情糟糕，進而讓自己難以與同事相處，並且無法做好本職工作，一定是你在工作上不求進步的表現，是由敷衍和驕傲的態度造成的，要避免這種情況的出現。出現這種不幸的情況，只會讓親者痛仇者快，對你來說，這樣沒有任何好處。你如果不斷地朝著更高的目標而去，即使不能如願，也會讓精神變得更強大，變得不可被戰勝。具有一個合乎實際需求的最高標準是必需的，要淡定地面對一切，不要把目標停留在職位的升遷上，那些有頭腦的主管會優先重用和提拔你。

—第6章—

願你不改初心，不忘夢想

願你遵從初心的召喚，永遠知道自己想要的是什麼，永遠用最純粹的心要求自己，不要放棄曾經的夢想。

自律，成就更好的自己

自律，對一個人加強修養和提升素質有很大幫助，我們發現有兩種人特別需要自律。首先，那些具有強硬性格的人需要自律。他們的性格可能不會必然產生惡果，可是這種性格需要自律和自我控制來加以約束。詹森博士說：「在長大的過程中，人們隨著經驗的增加，在不斷的進步中日趨成熟，他們性格的廣度和深度決定他們的成長。對待錯誤的態度，比錯誤本身更容易讓人墮落。那些聰明人不會犯同樣的錯誤，他們懂得吸取教訓。可是有些人無法從錯誤中找到經驗，痛苦地走向變得狹窄的人生之路，最後等待他們的，只有墮落的深淵。」

那些強硬的性格，是年輕人不成熟的表現。這種熱情，可以透過正確的引導應用在有益的事情上。在美國，有一個叫做史蒂芬・傑拉德的法國人獲得輝煌成就。他這樣說：「對於那些脾氣大的員工，我認為他們很有能力，我會雇傭他們，讓他們自己擁有一間辦公室。我瞭解這些人，只要不為爭吵消耗熱情，不給他們與人爭執的機會，他們對待工作就會充滿熱情。」

帶有強烈而容易激動的熱情，就是性格強硬的表現，它會在沒有控制的情況下，不斷爆發。可是，這種熱情如果可以控制得當，就可以像蒸汽機裡的蒸氣一樣，成為一種有利的能量。堅強的性格是許多偉大人物共有的性格，在他們嚴格的控制下，這種性格成為他們的力量，成為擁有堅決品格的動力。

聲名顯赫的尼爾·斯特拉福德無法控制自己的情緒，經常發怒，因此不斷地努力與自己抗爭。他有一個比自己年長的朋友，叫做斯克利特·庫克，那個朋友給他一些建議。為此，尼爾說：「你教導我一堂精彩的關於如何忍耐的課。我確實很容易發怒，可是我相信易怒的脾氣會在人生的歷練下得到改變，如果想要征服暴躁的脾氣，就要及時地反省自己。我一直認為，人們知道我的熱情是為了榮譽與正義，應該會理解我的脾氣。對那些無緣由的憤怒和濫用的激情，要給予譴責，因為那些是不好的壞習慣。它們會讓情緒失常，到處侵害別人。」

對於尼爾的缺點，庫克總會立刻指出來，並且提醒尼爾：「你要學會如何控制自己暴躁的脾氣。」

年輕的克倫威爾是一個活力十足的人，他容易衝動，倔強而易怒。他的活力表現在調皮的性格和喜歡惡作劇上。人們都知道這個年輕人喜歡惹是生非，他看起來立刻就要變成一個壞人。可是嚴格的宗教抑制他倔強的性格，他在喀爾文派基督教嚴格的紀律面前學會遵從。這個時候，他的活力與熱情有前進的方向，他在公共事務中投入自己的熱情。二十年以後，他成為英國家喻戶曉的偉大人物。

那些有堅強決心的拿索王朝首領們都有這種自我控制能力。平時表現沉默的威廉，會在辯論的時候表現出色，能言善辯，妙語如珠。對於聽眾，他擁有強大的影響力。他的沉默不言不是因為膽怯，而是因為他害怕自己的意見傷害到國家的自由，他會保留自己的意見而不對別人說。在他的敵人看來，他的溫和與寬容是卑怯和軟弱的表現。可是，他會在機會面前變得勇猛難擋，擁有不可戰勝的決心。莫特利先生，這位荷蘭歷史學家說：「他就像面對洶湧波濤大海中巋然不動的一塊巨石，他的堅定性格就是這種表現。」

在莫特利先生看來，華盛頓和威廉有一些相似的地方。華盛頓莊嚴、勇敢、優秀、高潔，在歷史上聲名遠揚，在這位愛國者的身上也有相同的優點。華盛頓有在危難時刻表現出來的情感控制能力，在那些不瞭解他的人看來，他生來就是如此鎮定，如此平和。

可是，華盛頓的性格非常急躁。他的溫文爾雅、有禮節的行為，以及為別人考慮的想法，都是他嚴格自律和自我控制造就的。

這種自我控制訓練，在他小時候就開始了。對於華盛頓，他的傳記作家如此寫道：「他是一個洋溢熱情、性格爽朗的人。在面對誘惑或是激動人心的場合，他可以抵禦誘惑和控制情緒，這是他堅持不懈地堅持自我控制所產生的作用。」

與拿破崙脾氣相似的還有威靈頓公爵，他的脾氣也是非常暴躁，可是他的自我控制幫助他馴服容易發怒的脾氣。他在危險的處境下，沉著冷靜，毫不驚慌，表現得非常安定。不管是在滑鐵盧，還是在其他地方，只要是最關鍵的時刻，他都可以鎮定如常地發布命令，語調聽起來甚至比平常還要柔和。

在童年時期，詩人華茲渥斯是一個個性倔強、情緒多變、脾氣暴躁的孩子。他只認同自己的想法，不害怕任何懲罰，也沒有任何改過的想法。他的性格在生活的磨練中得到鍛鍊，開始學會如何控制自己的脾氣。在以後的歲月中，他依靠童年時期的特殊品格，坦然漠視敵人的攻擊。自尊、自主、自覺，是他一生中最傑出的品格。

亨利・馬丁的事蹟也是一個好例子，他可以很好地控制不成熟的情緒。他在童年時期是一個任性和容易發怒的孩子，缺少對別人的寬容。可是，他在與這種自以為是和太過倔強的性格抗爭中，最終學會自我控制，擁有克服暴躁脾氣的力量，也獲得忍耐這個讓他非常渴望得到的品格。

其次，那些欲望強烈的人需要自律。對於欲望這個暴君，自律、自尊、自我控制是最有效的抵禦手段。對於那些沉迷於感官享樂、醉心於聲色犬馬的人來說，改革體制、擴大選民的權利、改革政府組織、加強學校教育是毫無作用的。追求低級趣味的人，難於獲得真正的幸福。那些低級趣味會破壞人們的道德與熱情，個人與民族的氣節都會被它們侵蝕。

如果人們被一位暴君強迫去做過多的消費，要他們把三分之一或是更多的財產用於購買使自己墮落的商品，最終的結果是：過早的死去、疾病的侵襲、家庭的破裂，人們也會因此去進行憤怒而可怕的遊行。

不幸的是，生活中存在一位這樣的暴君，人們無法控制它，並且毫不反抗地成為他的奴隸，這位暴君叫做欲望。

學會自我控制

一個人的勇氣可以在自我控制中得到展現，自我控制是優秀品格的精髓。莎士比亞說：**「人類可以為尚未發生的事情做好準備，就是因為人類有自我控制這個美德。」**與其他動物相比，一個真正意義上的人必須具有自我控制能力。

所有美德都是來自於自我控制。一個被衝動和激情支配的人，將會失去全部道德自由，他會隨波逐流，成為強烈欲望的奴僕。

人類之所以優於動物，就是依靠良好的道德自由。自我控制幫助人類控制本能的衝動，物質生活和道德生活也是依靠自我控制做出區別，品格的主要基礎也是自我控制能力。

那些可以控制自己思想和言行的人，才是最堅強的人。想要成為一個聖潔、有道德、可以自我控制的人，就要隨時注意自己的言行和保持純潔的心靈。

有時候，習慣可以決定一個人的品格。在不同意志力的控制下，習慣可能成為仁慈的主人，或是可怕的暴君。也就是說，我們可能是快樂的臣民，或是充滿奴性的奴僕，習慣可以讓我們走向成功或是毀滅。

嚴格的訓練，可以培養良好的習慣。人們可能會覺得難以置信，可是系統的訓練確實可以形成許多習慣。流氓無賴和沒有見過世面的鄉村青年，這些看起來沒有明天的人，也可以在嚴格訓練以後，成為堅強勇敢、樂於犧牲的人。

只有訓練有素的人，才會在戰場或是像「莎拉・桑馳」號起火的危難時刻展現出真正的勇敢，他們在那個時候可以冷靜判斷，表現出英雄般的氣質。

性格的形成，受到道德訓練的重要影響。正常的生活秩序會因為缺少道德約束而變得混亂，必須依靠培養自尊意識、進行服從教育、增強責任感來維持。那些遵守法紀的人，都是可以自力更生和自我控制的人，道德品格會因為他們的良好道德訓練而變得高尚。克制自己的欲望，才可以讓道德變得高尚。想要不被嗜好支配或是失去理智，就要堅守良心和道德的法則。

赫伯特・史賓塞說：「那些有理想的人類追求的偉大目標是——嚴格的自我控制。他們不會受到欲望的影響，也不會被衝動掌控。他們會在深思熟慮以後行動，道德教育的最終目的就是這樣。」

家庭是進行道德教育的最佳地點，學校的作用比較弱，社會這個實際生活的學校作用比學校還要小。道德教育會按照階段進行，一個人過去的道德教育影響他現在的道德狀況。一個缺少嚴格訓練和良好家庭教育與學校教育的人，不僅無法獲得幸福，還會給社會帶來災難。

完善的道德訓練是家庭必備的，這種讓人難以感覺到的道德訓練無處不在。社會的秩序、安全、正義，由道德與法律的力量共同維護。

品格的基礎是依靠道德教育形成的，可是道德教育要融入生活就要形成習慣。

有一個故事記載在希默爾彭寧克夫人的回憶錄中，這個故事說明嚴格的家庭教育是非常重要的：有一位夫人和丈夫遊歷英國和歐洲，他們在這些地方參觀許多精神病院。在觀察許多病人以後，這位女士認為，大多數精神病人與孩子很相似，就像沒有長大一樣。他們在童年的時候，願望經常被輕易地滿足，這種情況很少會出現在受到良好自我控制訓練的家庭。

道德品格的形成，在很大程度上受到家庭、性格、健康、早期道德訓練的影響。同伴們也會對道德品格產生影響，可是對道德品格產生決定性作用的還是個人的自我控制。對於嗜好和習慣，一位優秀的老師如此評價：「它們對幸福的影響很大，可是它們可以像語言一樣教授給人們。」

詹森博士也為自己憂鬱的氣質而苦惱，這是不幸的童年生活造成的。他說：「一個人性格的好壞，在很大程度上是由個人的意志決定。」

我們可以養成容忍和滿足的習慣，也可以養成喜歡抱怨和貪得無厭的習慣。對於一些幸福，我們可能認為不重要，可是對於一些不良行為，我們卻誇張地進行描述。

我們會因此受到細微苦難的擺布而使氣質變成病態，可是我們也有機會不受影響，保持開朗的氣質。如果我們可以充滿希望、樂觀向上地看待事物，就可以如同受到良好習慣影響般健康地成長。

詹森博士認為：「如果人們可以去關注事情好的一面，就會獲得一筆不斷增加的巨額財富。」

提升自己的最快方法

想要提升自己，我們建議年輕人要與高尚的人為伴。對此，法蘭西斯・霍納深有體會，在談到自己與那些學識豐富和道德高尚的人相處以後獲得優勢的時候，他是這樣說的：「我自己也無法判斷，我的學識是在書本裡得到的，還是從他們的影響中受到的啟發？」謝爾本年輕的時候（他就是後來的蘭斯多恩侯爵），去拜訪馬勒澤布。對於這件事情，他說：「以我的經驗來說，人與人之間的交往最可以影響一個人。我的靈魂是馬勒澤布喚醒的，他的影響讓我取得今天的成就。沒有他，就不會有現在的我。」對於格尼一家的榜樣力量對其他年輕人的影響，湯瑪斯・巴克斯頓是這樣說的：「我的人生因為他們的影響而變得更精彩。我在柏林大學的成就，應該歸功於格尼一家，在與他們的交往中，我獲得提升。」

人們會在與平庸者的交往中，受到其自私品格的影響。由此，人們會對生活失去興趣，變得保守而封閉。這是不利的影響，它會對我們的開闊胸襟和勇敢品格帶來傷害，會讓我們變得沒有勇氣而故步自封，成為一個沒有上進心的無能之輩，這樣的人不會獲得任何成就。

人們如果與那些有豐富知識和閱歷的傑出人物交往就會受到良好的影響，會讓自己被榜樣的力量影響，變得像那些人一樣具有開闊的視野。我們可以與榜樣同行，在榜樣那裡獲得的人生經驗，會使我們深受啟迪。人們的品格形成，會在與成熟者的交往中得到良好的促進。與他們交往會提高我們的能力，面對事情也會變得更成熟，這樣的舉動對雙方都是有利的。

對於一個年輕人來說，朋友的建議、批評、幫助會影響他的一生，可能是他重要的轉捩點。這一點，可以在傳教士亨利·馬丁身上得到證明，他的一個朋友在他中學的時候給他很大的影響。馬丁是一個神經質而且身體虛弱的孩子，個性孤僻，不喜歡運動，對學校活動抱持冷淡態度。有些年齡大的孩子，總是拿他這個容易衝動的孩子取樂。可是有一個孩子不這樣做，總是挺身而出保護馬丁，這個比馬丁大的孩子成為馬丁真正的朋友。他幫助馬丁趕走那些壞孩子，而且輔導馬丁學習。

馬丁的父親希望天賦不好的他接受大學教育，讓父親失望的是：他沒有進入牛津大學。但是馬丁沒有放棄，在中學繼續學習兩年，之後進入劍橋大學聖約翰學院。在這裡，他與中學時期的好朋友重逢。他們之間的友誼，也在相互的交往中變得更深厚。最後，這個朋友成為馬丁的指導教授。馬丁的性格沒有因為成績進步而得到改善，他的指導教授卻是與他有相反性格的人，個性成熟而穩重。

這個好朋友總是不厭其煩地勸導馬丁收斂自己衝動的性格，他這樣告誡馬丁：「要記住，你的行為是為了上帝的榮耀，不是為別人而做。」馬丁在這位良師益友的幫助下，學業大有進展。他在第二年聖誕節的考試中，取得年級第一的好成績。可是後人不記得他這個朋友，因為這個朋友沒有他那樣的偉大成就。可是他的生活影響馬丁，他的崇高理想造就馬丁良好的品格。在他的薰陶下，馬丁具有遠大的抱負，這也是他走向成功的基礎。不久以後，馬丁前往印度，在那裡成為一位傳教士。

在佩利博士的大學生活中，據說也有類似的故事。他在劍橋大學神學院讀書的時候，就是一個以聰明著稱的學生，因此深受人們的愛戴，可是人們不瞭解他的過去。他以前是一個愚鈍的孩子，這種愚鈍讓他很苦惱，也讓他受盡同學們的嘲笑。他是一個有良好天賦的孩子，可是他的懶惰讓他終日無所作為，而且沾染上浪費的壞習慣。

大學前兩年，他沒有獲得任何成就。他的一個朋友在他遊蕩回來的時候訓斥他：「為了你，我一個晚上沒有睡覺。如果與你比較，我應該有更多時間可以浪費。你的本錢不多，不應該這樣虛度光陰。我也想要有這種生活，可是我約束自己，沒有像你那樣放縱自己。對於你現在這樣的行為，我心緒難平，晚上無法睡覺。我以我們的友誼提醒你，如果你不思悔過，我就會結束這段讓我恥辱的朋友關係。」

佩利被朋友的話打動，從此改頭換面，重新安排生活計畫，並且堅持執行。最終，他的勤奮刻苦讓自己獨佔鰲頭，成為期末考試中最棒的人。在此以後，他依然毫不鬆懈對自己的要求，在寫作和宗教方面獲得令人矚目的成果。

良好的影響可以在與品格高尚者的交往中獲得，這些別人的禮物會伴隨我們的一生。約翰·史特林曾經接觸的人，都會感謝他的言行對自己產生的良好影響。那些道德高尚的人，都認為自己獲益於第一次良好的啟蒙教育。在他的身上，這些人看到自己前進的方向，瞭解現在的自己，進而朝向將來的目標努力前行。

特倫奇先生說：「我們在與約翰的接觸中發現，自己與他相比是多麼的渺小，由此我們會向他學習，以使自己變得同樣高尚。人們會在離開他的時候，覺得自己的目標和理想變得比以前更高尚。」一個道德高尚的人就是擁有如此的影響力，可以讓別人在不經意之間被同化。人們會與他一樣，具有相同的眼光和思維方式。意識就是這樣相互影響人們，它擁有難以抵禦的偉大力量。

與偉大的人交往的普通人會覺得自己的地位提升，而且比以往提升許多。韓德爾最早發現海頓的天賦，海頓聽到韓德爾演奏的時候，他的靈感湧現出來，突然之間有譜曲的熱情，這是他不曾預料到的——自己也可以進行音樂的創作？海頓這樣描述韓德爾：「他心血的結晶就是他譜曲中的每個音符，他的每個決定都會產生熱烈的反應。」

韓德爾有一個義大利的狂熱崇拜者，名字叫做史卡拉第，對於自己這位偉大的老師，一直滿懷崇敬之情。可以看到別人偉大之處的藝術家，才是真正的藝術家。對於凱魯畢尼，貝多芬總是懷有肅穆的仰慕之情。對於舒伯特，他也是讚譽有加，他這樣表揚舒伯特的才華：「我可以在他的作品中看到一種活力，一種聖潔的生命光輝。」

雷諾茲是諾斯科特年輕的時候就開始尊敬的榜樣，有一次，在德文郡郊外舉行一場公共集會，雷諾茲也應邀參加。諾斯科特拼命地穿過人群，擠到距離自己偶像最近的地方。他這樣回憶自己那個時候的心情：「那一刻，我欣喜無比，期待得到滿足。」

提升自己的最快方法是：接近榜樣，並且向他們學習。

做真實的自己

柏拉圖說：「真實會讓人們生活愉快，人們不會在以後為自己的行為悔恨。」馬格斯・阿利流斯說：「那些品行不良的人，就是對神不尊敬的人。那些有理性的動物，在大自然的作用下互相幫助，不會傷害對方。在神的面前，那些違背良心的人無法掩飾自己的罪過，神也會認為說謊的人是有罪的。自然無所不包，在自然裡，所有存在都是密不可分。」

真實就是那個無所不包的自然，它是最早推動實際存在事物發展的力量。所以，故意說謊的人有褻瀆神靈的罪過，他們的欺騙之舉是錯誤的行為。可是那些在無意之間說謊的人，也是犯有不敬神靈的罪過，他們的行為有悖於自然，擾亂世界的秩序。那些追求享樂的人，那些逃避痛苦的人，都是對神不敬的。

正直與真實有不同的表現形式，擁有它們的人處事公正合理。擁有它們的生意人不會欺騙別人，是誠實可靠的合作夥伴。正直是真實的表現，也是真實最坦誠謙虛的證明形式。誠信交易，不推諉責任，是每個人不可或缺的優秀品格。

讓我們用一個簡單的事例加以說明：

在一個飯館裡，塞姆·福特抱怨自己點的啤酒不足量，他對老闆說：「先生，你一個月可以賣幾桶啤酒？」

老闆回答：「先生，可以賣十桶。」

福特說：「你想要多賣一桶嗎？」

老闆回答：「先生，我當然想。」

福特說：「我教你一個好方法，只要不再缺斤少兩就可以了！」

對於那些缺斤少兩的問題，我們總是有許多抱怨。我們拿到手的東西，經常不是我們想要買的東西。商品可以賣出去才有可能獲利，可是賣方總是在顧客離開的時候才發現這一點。許多年以前，M·李·皮雷到英國進行訪問，在他看來，英國人的商業道德值得讓人稱讚，他說：「他們的樣品和賣到國外的貨物分毫不差。」

在曼徹斯特和倫敦以及其他北方城市，美國的棉製品很有賺頭。儘管孟買的紗線比英國貴，可是他們的棉製品在中國和澳洲依然有市場。現在，曼徹斯特棉布的產量已經變得與後起之秀印度棉布的產量一樣，這個事實令人難以置信。我們提高工人的技術水準，可是無法解決欺騙帶來的惡果。一個中年婦女買到缺斤少兩的棉線，會如何看待國人？她會覺得國人的信譽不可靠。

做真實的自己，就是對自己誠實，對自己誠實的人，絕對不會欺騙別人。這樣的人，可以得到更多人的尊重，也可以贏得事業的成功。

成功講座 364

SELF-HELP
明治時代的聖書

海鴿文化出版圖書有限公司 Seadove Publishing Company Ltd.

作者　塞繆爾・斯邁爾斯
編譯　靜濤
美術構成　騾賴耙工作室
封面設計　斐類設計工作室
發行人　羅清維
企畫執行　張緯倫、林義傑
責任行政　陳淑貞

出版　海鴿文化出版圖書有限公司
出版登記　行政院新聞局局版北市業字第780號
發行部　台北市信義區林口街54-4號1樓
電話　02-27273008
傳真　02-27270603
e - mail　seadove.book@msa.hinet.net

總經銷　創智文化有限公司
住址　新北市土城區忠承路89號6樓
電話　02-22683489
傳真　02-22696560
網址　www.booknews.com.tw

香港總經銷　和平圖書有限公司
住址　香港柴灣嘉業街12號百樂門大廈17樓
電話　（852）2804-6687
傳真　（852）2804-6409

出版日期　2020年09月01日　一版一刷
定價　280元
郵政劃撥　18989626　戶名：海鴿文化出版圖書有限公司

國家圖書館出版品預行編目資料

明治時代的聖書 ／ 塞繆爾・斯邁爾斯作 ； 靜濤編譯.
-- 一版. -- 臺北市 ： 海鴿文化，2020.09
面 ； 公分. -- （成功講座；364）
ISBN 978-986-392-328-2（平裝）

1. 生活指導　2. 成功法

177.2　　109011729

Seadove

Seadove